JN041605

未来を『そうぞう』する子どもを育てる授業づくりと学習評価

各教科・領域の
23事例を
一挙公開!

大阪教育大学附属平野小学校 著

明治図書

はじめに

　本校では2016年度（平成28年度）より４年間の文部科学省研究開発学校の指定を受け，新教科「未来そうぞう科」及び各教科・領域における「未来そうぞう」の研究開発に取り組んでまいりましたが，早くも最終年度を迎えました。来年度の2020年度（令和２年度）から全面実施される予定の小学校新学習指導要領には，「これからの社会が，どんなに変化して予測困難な時代になっても，自ら課題を見つけ，自ら学び，自ら考え，判断して行動し，それぞれに思い描く幸せを実現してほしい。そして，明るい未来を，共に創っていきたい。」という思いが込められていますが，これは私たちが「未来そうぞう科」に込めた思いと大いに共通するところであります。

　本書は一昨年度発行した第一弾「未来を『そうぞう』する子どもを育てる探求的な授業づくり」，昨年度発行した第二弾「未来を『そうぞう』する子どもを育てる授業づくりとカリキュラム・マネジメント」に続く第三弾として，3.5年次の研究成果を図書としてまとめたものです。３年次からの研究では，未来を「そうぞう」する子どもに必要となる主体的実践力，協働的実践力，創造的実践力の３つの資質能力について，１）それらの構造化と評価，２）それらを育む「未来そうぞう科」のカリキュラムの再検討，３）各教科における「未来そうぞう」と「未来そうぞう科」とのつながりの教科の研究開発を行いました。１）については，資質・能力表から子どもの学びの羅針盤となる自己評価の観点表を作成するとともに，デジタルポートフォリオや未来ノート，対話型評価といった評価方法の開発を行いました。２）については，「未来を『そうぞう』する子ども」像の再検討を行い，それぞれの学年がどのような資質・能力を身につけるべきか，そして資質・能力をABC領域に系統的に配置できるかについて考え，学習指導要領（案）を作成しました。３）については，各教科の特性を活かし，「未来そうぞう科」へアプローチする視点を「資質・能力」，「イメージ・クリエイト」，「教科横断的な学習」の３つに絞り，単元開発を進めました。

　残念ながら本書だけでは研究の内容を十分にお伝えしきれない点もありますので，是非本校を訪問参観していただき，ご忌憚のないご意見・ご教示を賜りますよう，お願い申し上げます。

2020年１月

大阪教育大学附属平野小学校　学校長　　出野　卓也

Contents

もくじ

3章　教科・領域編

1章

総論編

1 「未来を『そうぞう』する子ども」（第3年次）

1 研究の概要

(1)未来を『そうぞう』する子どもとは

　本校では，一昨年より文部科学省研究開発指定校として，<u>「未来を『そうぞう』する子ども」</u>を研究主題とし，「未来を『そうぞう』する子ども」の育成に向けて研究開発を進め，本年度はその第3年次となる。今の世の中は，科学技術が日増しに進歩し，社会構造も急速な変化が進み，未来に対して見通しを持ちにくい時代となっていると考えられる。そのような時代を生きていく子どもたちが未来に対して，希望を持って強く生き抜くことができるのか。考えた結果，どんな状況においても，希望を持って自ら行動し，みんなでよりよい未来をつくろうと，あきらめずそうぞう（想像・創造）し続けられれば，よりよい未来をつくっていくことができるのではないだろうかという考えに至った。自分が置かれている状況にかかわらず，その中で希望を持ち，よりよい未来を求めて自ら行動を起こすことができる，人と共に協働してよりよい未来をつくることのできる，そのような過程に意味や価値を見出し続けることができる。そんな力があれば，先の見えない未来においても，従来，評価されてきた資質・能力に加えて新たに資質・能力を発揮して，自分自身で道を切り開き，前を向いて生きていくことができるであろう。そこで，そのような「未来を『そうぞう』する子ども」を以下のように定義した。

【未来を『そうぞう』する子ども】

　どんな状況においても，共によりよい未来をそうぞう（想像・創造）しようと，「主体的実践力」「協働的実践力」「創造的実践力」を発揮し，自分，集団，社会・自然などに対して，多角的・多面的にアプローチし続けることができる子ども

(2)研究開発課題

【研究開発課題】

　新教科「未来そうぞう科」と「各教科における『未来そうぞう』」を設定し，学校教育全体において「**主体的実践力**」「**協働的実践力**」「**創造的実践力**」の3つの資質・能力を育成することを目的として教育課程及び教育方法，評価等の研究開発を進めていく。

(3)未来を『そうぞう』する子どもに必要となる3つの資質・能力

　「未来を『そうぞう』する子ども」に必要な資質・能力を<u>「主体的実践力」「協働的実践力」「創造的実践力」</u>の3つ，設定した。

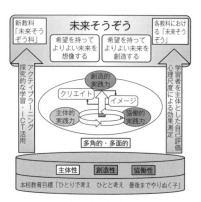

図1　本研究の概略の構造図

【未来を『そうぞう』する子どもに必要となる３つの資質・能力】

主体的実践力	……対象に対して主体的，自律的にアプローチすることができる力
協働的実践力	……多様な集団の中においても，積極的に関わり協働的にアプローチすることができる力
創造的実践力	……よりよい未来をつくるために，アプローチし続ける中で，新たに意味や価値を見出すことができる力

　本校では，約50年近く続く同じ学校教育目標「ひとりで考え　ひとと考え　最後までやりぬく子」を基軸として，「未来に向かって力強く生きていく豊かな人間性」を育むことを重視してきた。この学校教育目標における「ひとりで考え」は知的好奇心に基づく「主体性」，「ひとと考え」は支え合う「協調性」，「最後までやりぬく」は自己実現に向かう「創造性」を指すものである。この本校における取り組みを基盤とし，これらを実践できる力を確実に育むことによって，「未来を『そうぞう』する子ども」を育成することができるのではないか。そこで，それぞれ「主体性」「協働性」「創造性」を実践することのできる力を「主体的実践力」「協働的実践力」「創造的実践力」とし，学校教育全体において育成しようと考えた。

　３つの資質・能力の関係性については，図２に示す通りである。子どもたちは対象にアプローチする時に，主体的，自律的に考えたり行動したりする。他者と協力することでその考えや行動はより広がり，深まる。考えや行動に新たに意味や価値を見出すことは対象の未来をよりよいものへとつくり変え続けることである。この一連の営みの中で子どもたちが主体的実践力と協働的実践力を両輪として発揮することによって，創造的実践力を育成できる。これらの資質・能力は予測の困難な時代において，新しい未来を切り拓き，生き抜くために必要になると考える。

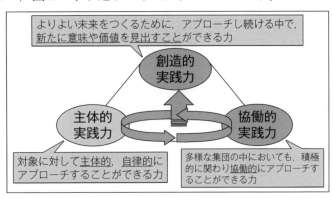

図２　３つの資質・能力の関係性

2 研究の内容

(1) "未来を『そうぞう』する子ども"に向けての構想

　本研究では，「未来を『そうぞう』する子ども」の育成に向けて，学校教育全体で３つの資質・能力を育むために，新しく**新教科「未来そうぞう科」**及び「**※各教科における『未来そうぞう』**」を設定した（図３）。「そうぞう」には，よりよい未来を「想像」する，よりよい未来を「創造」するという両方の意味を兼ね備えている。とりわけ，３つの資質・能力を育むことに特化した新教科「未来そうぞう科」では，自分，他者，社会・自然を学びの対象として，子ども自身が問いを持ち，協働的に活動しながら，様々な方法で解決活動を行う。図３における

「未来そうぞう科」と各教科が重なる部分は、育成すべき資質・能力において主に関わる部分であり、中には学習内容が関わる教科もある。未来そうぞう科を核に据え、"未来を『そうぞう』する子ども"の育成をめざすこととする。

※道徳と外国語活動においては、平成30年度より新教科等として創設されるため、

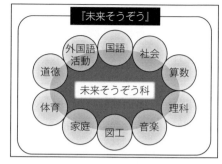

図3　各教科と「未来そうぞう科」の構想図

本校においては、例外的に教科として位置付けるものとする。

(2)イメージ・クリエイト

　子どもは、「イメージ（想像）」と「クリエイト（創造）」を繰り返しながら対象に対して向き合っていく。子どもたちは学びの対象と向き合う中で現状がよりのぞましいものへと変容することを思い描き、新しく行動をおこしたり、立ち止まったりする。このような一連の営みは「未来そうぞう科」だけではなく、既有の教科においても行われると考える。イメージ・クリエイトは互いに往還しながらも、より広がり、深まりのある「イメージ」

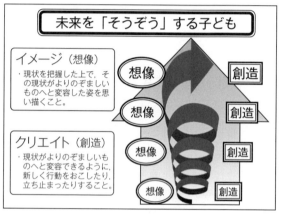

図4　イメージ・クリエイト

がより具体的な「クリエイト」につながり、その「クリエイト」がさらなる広がり、深まりのある「イメージ」へとつながっていく。このように「イメージ」と「クリエイト」の質を高めながら「未来を『そうぞう』する子ども」をめざして進んでいく。

(3)新教科「未来そうぞう科」

①新教科「未来そうぞう科」とは

　新教科「未来そうぞう科」とは、「未来を『そうぞう』する子ども」に必要な「主体的実践力」「協働的実践力」「創造的実践力」という資質・能力を6年間かけて育成することを目標として、1～6年生を対象に設定した新教科である。これは、現学習指導要領の「生活科」「総合的な学習の時間」「特別活動」の時間を合わせて設定している。基本的には、従前の「生活科」「総合的な学習の時間」「特別活動」の時間の学習内容を基盤としたものである。ただし、「生活科」において9つの内容が定められているが、現状の「総合的な学習の時間」には内容の取り扱いは書かれているが系統的に示されていないことや、「特別活動」における「学級活動」においても学習内容は示されているものの、具体的な学習展開については十分に示されていないことを踏まえ、新教科「未来そうぞう科」では、統合的なカリキュラムとして学習内容

の具体的な視点を「教科」として示していく。

　②未来そうぞう科の目標

【未来そうぞう科の目標】

> 　「自分自身」「集団や人間関係」「社会や自然」に対して実践的・体験的な活動を通して，未来そうぞう科の見方・考え方を働かせて，どんな状況において持希望を持ち，共によりよい未来をそうぞうしようとするための「主体的実践力」「協働的実践力」「創造的実践力」を育成することをめざす。

○「自分自身」「集団や人間関係」「社会や自然」に対して実践的・体験的な活動を通して

　「未来そうぞう科」の対象として，３つの領域を設定した。学習テーマの視点は以下の通りである（**表1**）。

表1　学習テーマの視点

> **A　自分自身**
>
> 　自分自身を知ることで，希望を持って生きていく自分自身の将来の姿を「想像」し，そのイメージを実現し「よりよい未来」を「創造」するためにはどのように生きていくことが望ましいのか，自分自身に深く，広くアプローチすることができる学習展開を行う。
>
> **B　集団や人間関係**
>
> 　多様な集団との関わりの中で，人の気持ちを「想像」し，人との関わりを深めることが「よりよい未来」の「創造」へとつながっていくということを実感でき人間関係形成につながるように，人と人との関わり方にアプローチすることができる学習展開を行う。
>
> **C　社会や自然**
>
> 　自分を取り巻く「社会」や「自然」について「自分事」と捉え，「社会」や「自然」の「よりよい未来」の「創造」に向けて，それらに対して自分なりにできることを「想像」し，社会や自然にアプローチすることができる学習展開を行う。

　A領域は自分自身の「好きなこと」を追求していく中で，自分自身を深めていく。さらに教師や保護者，友だちなどと関わることで，新たな自分に気づき，自分自身を広げていく。**B領域**はクラス，学年，異学年，特別支援学校や幼稚園の集団を学びの対象とする。学びの対象である集団が変化する中で，子どもがそれぞれの立場や関わり方を変化させていく。**C領域**は身近な自然や生命，地域や現代の社会や環境における諸問題などを学びの対象にしている。その中で関わる社会・自然を広げていく。その対象に対して，子ども自ら問いを持ち，解決していく。ABCの領域はそれぞれに独立して働くものではなく，互いに働きかけたり，働きかけられたりする。さらには，既有の教科も含めて，一体的に補い合って高まっていく活動であると考える。

　実践的・体験的な活動とは未来そうぞう科の学習活動であり，子どもが活動を通して，学ぶ

教科であるこということを示している。

○未来そうぞう科の見方・考え方を働かせて

　ここでは，未来そうぞう科において，どのような視点で対象を捉えどのような考え方で思考していくのかという対象を捉える視点や考え方を示す。未来そうぞう科の見方・考え方とは『イメージ・クリエイトの往還を通して，多角的・多面的にアプローチし，過去・現在・未来と関連付けながら，よりよい未来の実現をめざそうとすること』である。

　「イメージ・クリエイトの往還」とは子どもたちは学びの対象と向き合う中で現状がよりのぞましいものへと変容することを思い描き，新たに行動をおこしたり，立ち止まったりすることを繰り返すことである。

　「多角的・多面的にアプローチし」とは対象を一面的に捉えるのではなく，子ども自らの過去の経験や各教科等で身につけた既有の知識や技能，友だちの考えなどをもとに様々な視点で対象にアプローチしていくこと。そして対象にアプローチすることによって得られた経験を蓄積していくことで，対象を改めて捉えなおし再び対象にアプローチしていくことである。多角的・多面的な視点で対象にアプローチすることにより方向性を持って「イメージ・クリエイト」が往還される。

　「過去・現在・未来と関連づけながら」とは子どもたちの時間軸を表し，対象を過去の経験と関連づけたり，現在の現状把握に努めたりして，対象がより望ましい未来に近づくために今，何ができるかを考えることである。ただし子どもによって，未来を見通す空間や時間軸は異なる。その点を踏まえながら，領域ごとにおけるよりよい未来の本質的な課題を明確にすることが大切である。

○どんな状況においても希望を持ち，共によりよい未来をそうぞうしようとする

　未来そうぞう科におけるめざす子どもの姿である。未来そうぞう科の見方・考え方を働かせて対象にアプローチすることにより，方向性を持って「イメージ・クリエイト」が往還され，子どもの主体的実践力や協働的実践力が両輪となって発揮され，対象に新たに意味や価値を見出すことができる力（創造的実践力）が育成できると考える。

⑷「各教科における『未来そうぞう』」

　本研究を進めるにあたって，各教科においては，現行の学習指導要領に沿って従来通りそれぞれの教科でつけたい力をねらい，学習を進めていくと同時に，本研究でねらう「主体的実践力」「協働的実践力」「創造的実践力」の３つの資質・能力の育成にも取り組んでいる。各教科の特性を発揮し，未来を「そうぞう」する子どもの育成に向けて各教科が担う部分を焦点化し，検証することで本研究がめざしている３つの資質・能力がより豊かに育むことが可能になるのではないかと考える。

❸ 昨年度の成果と課題

⑴新教科「未来そうぞう科」における成果と課題

　第2年次となる昨年度は，一昨年度の実施カリキュラムを踏まえて，より系統性のあるカリキュラムづくりに力を注ぎ，系統立てて「未来を『そうぞう』する子ども」に必要な資質・能力を育成できるように検討してきた。各学年としての新教科「未来そうぞう科」ではなく，ABC領域別の縦割りのグループで新教科「未来そうぞう科」を考え，計画したことにより，実施カリキュラムをもとに，系統性について考慮した新たなカリキュラムを作成することができた。また，新教科「未来そうぞう科」において3つの資質・能力を系統的に育むため，また育みたい具体的な子どもの姿を共通理解するために，ABC領域別に3つの資質・能力を系統的にまとめた「資質・能力表」を作成した。

　一方で新たなカリキュラムを作成したが，発達段階や各教科・領域の学習内容に応じた系統性を考慮しながら，カリキュラムを修正することやA領域において学年の実践例や単元の捉え方が異なっているため新たな単元開発を進めていくことが必要であることが明らかとなった。

また子どもの具体的な姿の見取りを深め，評価について考えていく中で，3つの資質・能力は並列ではなく，3つの資質・能力の関係性を構造化して整理する必要があるということも明らかになってきた。本年度評価していく中でその関係性を明らかにしていきたい。

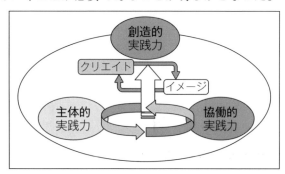

図5　3つの資質・能力とイメージ・クリエイトの関係性

⑵「各教科における『未来そうぞう』」における成果と課題

　昨年度は各教科で，その特性を活かして，どのように3つの資質・能力および態度を育んでいくことができるかを各教科が設定し，アプローチしていくこととなった。成果としては，教科の特性を踏まえて，場の設定や単元構成，単元開発を行うことで，自分たちの教科が設定した実践力が発揮される場面や子どもの姿を授業において提案することができた。しかし，既有の教科のみによって，3つの資質・能力が育まれたかどうかは，本時や単元の見取りだけではわからないことが明らかとなった。既有の教科が未来そうぞう科にどのような視点でアプローチできるかを改めて検討する必要がある。

◢4◣ 第3年次の研究の概要

これらの第2年次の研究結果をもとに，本年度の研究概要を下の**図6**に示す。

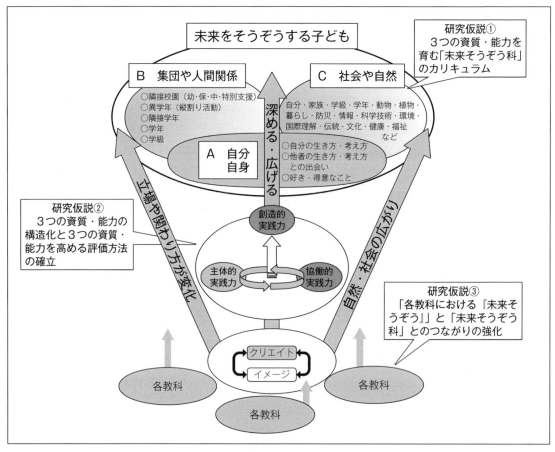

図6　本年度の研究の概要

本年度の研究の柱を以下に示す。

【3つの研究の柱】

●3つの資質・能力を育む「未来そうぞう科」のカリキュラム

●3つの資質・能力の構造化と3つの資質・能力を高める評価方法の確立

●「各教科における『未来そうぞう』」と「未来そうぞう科」とのつながりの強化

◢5◣ 本年度の研究の柱

本年度の研究の3つの柱を設定した。以下に述べる。

⑴3つの資質・能力を育む「未来そうぞう科」のカリキュラム

子どもの情意面や道徳的価値，子どもの発達の段階，各教科の学習内容を踏まえて「未来そうぞう科」における学年ごとに育てたい子ども像を明らかにすることで，キーコンピテンシーベースのカリキュラムが作成され，系統的に3つの資質・能力を育成することができる。

昨年度は子どもにとって「学びの必然性」が生み出されるカリキュラムとなるように，子ど

もの思いやねがいを大切にして，ABC 領域別に３つの資質・能力を系統的にまとめた「資質・能力表」をもとにカリキュラムづくりを進めてきた。しかし，領域ごとの「資質・能力表」を作ることが目的となり，具体的に育みたい子ども像をイメージした単元開発がなされにくかった。そこで，改めて未来をそうぞうする子どもとは何か，その子ども像に向けて，それぞれの学年がどのような資質・能力を身につけておくとよいのか，またその資質・能力がABC 領域に系統性のあるものであるかを再検討する必要がある。本年度は第３年次においては未来そうぞう科の学習指導要領 試案を作成していく。

①領域ごとのめざす子ども像の設定と資質・能力表の15回目の改訂

未来そうぞう科において，それぞれの領域で育みたい子ども像を職員全体で共有し，その子ども像に向けて，低学年，中学年，高学年がどのような資質・能力を身につけておくとよいのかを改めて，検討し直した。下の**表２**は各領域のめざす子ども像と15回目の改訂を繰り返した未来そうぞう科の「資質・能力表」である。この「資質・能力表」を現段階における暫定的な指針として，未来そうぞう科の学習指導要領に示す。また，領域ごとにおけるめざす子ども像についても学習指導要領 試案に示すものとする。

表２　未来そうぞう科の「資質・能力表」（15回目の改訂）

A　自分自身を対象とする内容				
自分自身を知ることで，希望を持って生きていく自分自身の将来の姿を「想像」し，そのイメージを実現し「よりよい未来」を「創造」するためにはどのように生きていくことが望ましいのか，自分自身にアプローチすることができる学習展開を行う。				
【A領域におけるめざす子ども像】 自分を肯定的に受け入れ，他者との関わりの中で自分を捉えなおし，未来をよりよく生きるために，今の自分に意味や価値を見出し続けることができる子ども				
高学年	**創造的実践力**	過去・現在を根拠に見通しを持って，多角的・多面的な見方・考え方を働かせて，自分の在り方に意味や価値を見出し続けることができる。		
高学年	**主体的実践力**	自分を肯定的に受け入れ，自分を捉えなおし，困難があってもくじけずに自ら対象に関わり続けることができる。	**協働的実践力**	他者との関わりの中で自分を捉えなおし，自分とは違う立場の人の見方・考え方と，比べたり関連づけたりして，受け入れることができる。
中学年	**創造的実践力**	過去・現在を見通して，様々な見方・考え方を働かせ，今の自分を高めようとする過程に対して意味や価値を見出すことができる。		
中学年	**主体的実践力**	今の自分を高めようと，自分の決めた課題に対して自ら対象に関わり続けることができる。	**協働的実践力**	他者との関わりの中で，今の自分を高めようと自分とは違う立場の人と協力することができる。
低学年	**創造的実践力**	課題を解決するために，現在の興味から，自分なりに工夫し，自分を高めることができる。		
低学年	**主体的実践力**	自分の決めた課題に対して自ら進んで活動することができる。	**協働的実践力**	課題を解決するために，友だちと協力することができる。

B　集団や人間関係を対象とする内容				
多様な集団との関わりの中で，人の気持ちを「想像」し，人との関わりを深めることが「よりよい未来」の「創造」へとつながっていくということを実感でき人間関係形成につながるように，人と人との関わり方にアプローチすることができる学習展開を行う。				
【B領域におけるめざす子ども像】 自分が所属する集団での課題解決を通して，仲間意識をもち，多様な集団の中で活動することへの意味や価値を見出し続けることができる子ども				
高学年	**創造的実践力**	自分が所属する集団での課題解決を通して，多様な集団の中で活動することへの意味や価値を見出し続けることができる。		
高学年	**主体的実践力**	自律的に判断しながら，方向付けて活動することができる。	**協働的実践力**	自分の役割を理解して，他者の思いやねがいを受け入れ認め合いながら，協力することができる。
中学年	**創造的実践力**	自分が所属する集団での課題解決を通して，自分の役割にやりがいを持つことができる。		
中学年	**主体的実践力**	集団の関係や活動内容がよりよくなるように意見を出したり，自ら進んで楽しんで活動に参加したりすることができる。	**協働的実践力**	他者の思いやねがいを受け入れ，協力することができる。
低学年	**創造的実践力**	自分が所属する集団での課題解決を通して，人と関わることへの楽しさをみつけることができる。		
低学年	**主体的実践力**	楽しんで活動に参加することができる。	**協働的実践力**	他者の意見を聞いて，仲良くすることができる。

C　社会や自然を対象とする内容				
自分を取り巻く「社会」や「自然」について「自分事」と捉え，社会や自然の「よりよい未来」の「創造」に向けて，それらに対して自分なりにできることを「想像」し，社会や自然にアプローチすることができる学習展開を行う。				
【C領域におけるめざす子ども像】 よりよい未来をそうぞうするために，他者と共にどのような課題に向けて，課題解決のためにアプローチし続ける子ども				
高学年	**創造的実践力**	対象のよりよい未来の実現のために，様々なものごとを多角的・多面的に捉え，それぞれの意味や価値を見出し，活動したり発信したりし続けることができる。		
高学年	**主体的実践力**	対象を自分事として捉え，これまでの学びや経験をいかして，課題解決に向けて自律的に活動することができる。	**協働的実践力**	自分とは違う価値観を受け入れ認め合いながら，協力して対象に働きかけることができる。
中学年	**創造的実践力**	対象のよりよい未来のために，現状を捉え，多様な方法からつながりを見出しながら，見通しを持って考えたり活動したりできる。		
中学年	**主体的実践力**	対象を自分とつなげて捉え，これまでの学びや経験をもとに，課題解決に向けて試行錯誤しながら活動することができる。	**協働的実践力**	自分とは違う様々な思いや考え方を受け入れ，協力して働きかけたり活動したりすることができる。
低学年	**創造的実践力**	対象のよりよい未来のために，自分なりに工夫しながら，考えたり活動したりできる。		
低学年	**主体的実践力**	対象に関心を持ち，これまでの学びや経験を思い出し，課題解決に向けて楽しんで活動することができる。	**協働的実践力**	自分とは違う思いや気付きを知り，協力して働きかけることができる。

②本年度の実施計画カリキュラムと内容構成

表2の未来そうぞう科の資質・能力を系統的に育むことをめざし，過去2年間の実践を踏まえ，本年度，取り組んできた実施計画カリキュラムを表3に示す。

表3　平成30年度　第3年次の実施計画カリキュラム

	自分自身を対象とする内容：⇒「すき」から考える自分の生き方	集団や人間関係を対象とする内容：⇒多様な他者との関わり		社会や自然を対象とする内容：⇒具体的に姿は見えないが　考えないといけない他者・社会・環境
6年	アイデンティティの芽生え			
	My Life → from now on → ・自分の現在の姿をじっくりと見つめた上で，将来なりたい自分の姿について考える。	友だちタイム 〜運営しよう〜 ・リーダーとして，友クタイを円滑に運営するために，他学年の特質を生かすことができるように考えながら，事前の計画や当日の進行を中心に行う。		科学技術を体験しよう 自然と平和について考えよう よりよい未来をつくろう ・自分たちが生きる世の中の事象について，自分自身との対話を通して過去—現在の事象から「持続可能性」を探っていく。
5年	自分との対話			
	LIFE 〜他者と出会い 自分を考える〜 ・様々な考え方・生き方を聴くことから自分と対話しながら，どんな自分も肯定的に受け入れられるようにする。	友だちタイム 〜未来のリーダーになるために〜 ・1年後，自分たちが6年生になることを見据えて，今の6年生の姿から運営の方法や他学年への関わり方について考えていく。		Re: 〜居心地よくするために改革しよう〜 ・みんなにとって居心地よい場をつくるために，ダッシュ村（仮）を改革したり，楽しいイベントを企画したり，自分たちで考え出す。
4年	個々の存在の尊重			
	Let's challenge 好きなこと 〜好きを Switch〜 ・苦手なことや本気でやってみたいことがないことにも果敢に挑戦する。	いろいろな人と出会おう 〜特別支援学校・外国の小学生との交流〜 ・附属特別支援学校の児童や外国の小学生との交流の中で，他者を受容し，認める個々を養う。	友だちタイム	災害のニュースから学ぶ 〜自分たちにできること〜 ・被害の現状を把握し，自分たちができることを考え行動に移していく。 タイムスリップ 大和川をめぐる過去から未来への命のバトン ・地域の大和川を題材にして，学習を展開する。 （理科・社会との教科横断的な学習）
3年	自分と他者の関係			
	好きプロジェクト ・「自分の好き」を中心に，他者との関わりの中で自分自身について考える。	友だち班タイム 〜遊びをそうぞうしよう〜 ・友タイ遠足で異学年の子どもたちと遊ぶ内容を考える。	縦割り活動	平野EXPO 〜平野について昔・今・未来を楽しく学ぼう〜 ・平野EXPOの開催に向けて，プレゼンやポスター発表を行い，他者から得た評価をもとに新たな活動を創造しようとする。
2年	他者意識の芽生え			
	すきを広げ・つなげよう ・「すきなこと」と「係活動」を関わらせる活動を通して，自分の「好き」を周りに広げることで深めたり，友だちの「好き」を経験し視点を広げたりする。	学校あんないをしよう ・1年生にとっておきの場所を紹介したり，入ってみたいところへ案内したりする。 秋を楽しもう ・秋祭りを開くことを目的に，友だちと協力できることを考える。		123期の咲くやこの花館をつくろう ヒメちゃんと いっしょ ・野菜やお花を育て，「何ができるだろう？」と考えながらたくさんの成功体験を積み重ねていく。生き物について調べたり，大切に育てる環境を創ったりする。
1年	自立への基礎・自己肯定の基礎			
	だいすき じぶん "すき すき" やってみよう" ・自分の「好きなこと」「やってみたいこと」を見つけ，継続して行う。	だいすき なかま "いっしょに あそぼう" ・学級・学年・園児や2年生とともに活動し，協力したり伝え合ったりする。		だいすき しぜん "しぜんを たのしもう" ・学校の自然や生き物に働きかけたり，生活や遊びに取り入れたりする。

これまでの未来そうぞう科の実践を内容面でまとめ直したものが，表4の未来そうぞう科の内容構成である。ただし，全ての内容を網羅するものではなく，子どもの実態・学校環境等によって変わるものである。子どもの思いやねがいにそった柔軟なカリキュラムをめざす。

表4　未来そうぞう科の内容構成

A領域：自分自身	B領域：集団や人間関係		C領域：社会や自然	
好きなこと・得意なこと 他者の生き方・考え方との出会い 自分の生き方・考え方	学級・学年 隣接学年 隣接校園 （幼稚園 保育所 特別支援学校 中学校等）	異学年（縦割り活動）	校庭 学校 地域 日本 世界 地球 宇宙	自分・家族・学級・ 学年・動物・植物・ 暮らし・防災・ 情報・科学技術・ 環境・国際理解・ 伝統・文化・ 健康・福祉 など

⑵３つの資質・能力の構造化と３つの資質・能力を高める評価方法の確立

新教科「未来そうぞう科」が育成すべき，資質や能力としての「主体的実践力」「協働的実践力」「創造的実践力」の関係性を構造化して整理し，評価の観点を明らかにすることで，それぞれが発揮されやすい領域の特性に合わせた指導計画の立案や教師の手立てなどの改善が図られ，３つの資質・能力を高める評価方法を確立することができる。

昨年度，３つの資質・能力それぞれが達成できた子どもの具体的な姿を共有し，育みたい姿を共通理解することをねらいとして，ABCの領域別の資質・能力表を作成した。それぞれの授業ごとにルーブリックを作成し，子どもの行動や記録したシートなどを見取って教師が評価を行っていた。この方法では主体的実践力や協働的的実践力は見取ることができた。しかし，創造的実践力においては，共通理解が至らず同じように見取りにくいことや評価の観点が曖昧であるため価値のあるはずの子どもの考えや行動が埋没してしまうことなどの問題点が明らかとなった。何より，このような評価が子どもの資質・能力を高めるための評価であるかを改めて検討する必要がある。本年度は①３つの資質・能力の構造化　②３つの資質・能力の評価の観点　③評価の観点の活用　④学習者を主体とした自己評価の在り方　の４つに焦点を当てて研究を進めていく。

①３つの資質・能力の構造化について

３つの資質・能力に１つの授業で見取れるものもあれば，長い時間をかけて見取れるものもあるということが明らかとなった。主体的実践力や協働的実践力は，１つの授業のその瞬間においても発揮できるものである。創造的実践力においては，長期的な学びの蓄積が必要である。

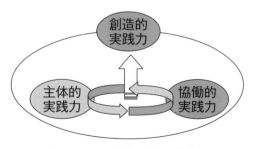

図7　３つの資質・能力の構造化

このような特性を踏まえて，３つの資質・能力を構造化すると，**図７**に示す通りとなり，子どもの主体的実践力や協働的実践力が両輪となって発揮されることによって，長期的に創造的実践力が育成できると考えられる。つまり，創造的実践力の中に，主体的実践力や協働的実践力が包括されるといえる。このような構造化を踏まえて，評価の観点とその活用を整理することとした。

②３つの資質・能力の評価の観点とそれぞれの視点

　昨年度の授業実践のまとめ（報告書）をもとに３つの資質・能力を発揮している表れとして授業者が価値づけた子どもの具体的な姿を分析し，まとめたものが**表５**である。

表５　実践者が３つの資質・能力の表れとして価値づけている項目のまとめ

●…成果として記載あり　○…成果や課題という価値づけはなく，その姿が記載あり　△…課題として記載あり

				1C だいすき動物	1B 友タイでハッピーメイキング	1A しってもらおうじぶんのこと	2B うきうきをつくろう	3C 平野EXPO	4BC 未来へテイクオフ	5C ダッシュ村	5B 遊びを通してもっと仲を深めよう	5A 自分発見
視点	考察より	ア	いろいろな経験を蓄積する	△								●
		イ	過去の経験を想起する	●	●			●	●			
		ウ	過去の経験を生かす	●								
		エ	様々な経験をつなぐ					●		●		●
		オ	新たな提案をする・課題を見出す	●				●		●		
		カ	友達の考えを取り入れる			●					●	
		キ	友達と考えや気づきを交流する		○	●			●		●	●
		ク	具体的にイメージする				●					●
		ケ	実際に行動に移す（クリエイト）				●	●				●
		コ	新しい発想・新たな気づきが生まれる		●					●		●
		サ	新たな試みにチャレンジする	●		△						
		シ	自分なりに工夫する		●							
		ス	意欲的に活動する			●						
		セ	いろいろな視点から考える									●
		ソ	あきらめず何度もチャレンジする				●			△		
	ねらいより	タ	多角的に考える									●
		チ	多面的に考える							●	●	●
		ツ	違いに注目する	●				●				
		テ	対象にとってのよりよいことを考える	●						●		
		ト	様々な発想をもつ		●						●	
		ナ	よさを見つける		●							
		ニ	課題を見つける		●				●			
		ヌ	様々な工夫を考える（創意工夫する）		●		●	●				
		ネ	自己を表現する			●						
		ノ	意見を取り入れる								●	

　さらに，本年度の実践者のインタビューや夏の研修で観点を検討し３つの資質・能力を発揮しているものを６つの観点とそれぞれの具体的な視点にまとめたものが**表６**である。上段には，教師が共有する文言，下段には，子どもに提示し共有する文言を載せている。

表６　３つの資質・能力の評価の観点とそれぞれの視点

教師側の観点	①没頭			②協力		③見通し			④整理			⑤発信		⑥レジリエンス（※）		
子ども側の観点	①楽しむ			②助け合う		③見通す			④つなぐ			⑤人に伝える		⑥しなやかな強さをもつ		
視点	時間	触れる	姿勢	役割分担	交流	過去	現在	未来	比較	関連付け	分類	相手意識	発信	改善	意味づけ価値づけ	やりぬく

この評価の観点は一人ひとりの資質・能力向上に向けての評価であり，現状の子どもの出来不出来を決定づけるためのものではない。単元のねらいとする観点を明らかにして，教師が手立てを考える。その観点に対する実際の子どもの考えや行動を見取る。教師自身が自分の授業を振り返り，子ども一人ひとりの考えや行動に価値を見出す。そして，その子のよりよい成長に向けて，指導計画の見直しや教師の手立てを考える。これらを繰り返すことで授業改善が図られ，3つの資質・能力が高められると考える。

この評価の観点は教師だけではなく，子どもと共有することに重点をおく。そうすることで，子どもが自分自身を**自己評価**することが可能となる。この6つの観点の中のいずれかに焦点化して自分をふりかえることで，現在の自分はどのような力を身につけたのか，課題解決に向けて自分にはどんな力が必要だと考えるのか，またその力をつけるためにどんなことにチャレンジしていけばよいのか，という学びの羅針盤となると考える。

※レジリエンスとは「しなやかな強さ」を表し，どんな課題に対して，困難にぶつかっても改善を加えながら，過程や結果に意味や価値を見出し，最後までやりぬくことである。レジリエンスの視点としての「やりぬく」を評価するためには単元における学びの蓄積が必要である。

③評価の観点の活用

教師も子どもも評価の観点や方法についても共有し，今ある資質からより「未来をそうぞうする子ども」に近づくためにどんなことが必要であるか，立ち止まり，その観点をもとに今をふりかえり，次の方向性を見出すための評価の具体的な在り方について研究を進めていくこととした。6つの観点においては，**表7**にあるように学年の段階や学習内容によって，ねらいとする評価の観点は異なる。各学年の未来そうぞう科の実践においては学習指導案においてねらいとする観点を明記し，評価を行うこととする。

表7　3つの資質・能力の評価の観点とのそれぞれの視点の系統性

観点	①没頭			②協力		③見通し			④整理			⑤発信		⑥レジリエンス		
	①楽しむ			②助け合う		③見通す			④つなぐ			⑤人に伝える		しなやかな強さをもつ		
視点	時間	触れる	姿勢	役割分担	交流	過去	現在	未来	比較	関連付け	分類	相手意識	発信	改善	意味づけ価値づけ	やりぬく
6年																
5年																
4年						学年の段階による										
3年						学習内容による										
2年																
1年																

④学習者を主体とした自己評価の在り方

教師と子どもは1つの授業において，**表7**の観点を共有した上で，課題解決に向けて活動し

ながらも時には立ち止まり，今をふりかえり，過去を省みて，未来に思いをはせる。この一連の営みは，授業内における**学習者を主体とした自己評価**をベースとすることで，より活動が推進されていくと考える。しかし，自己評価はただ書かせればいいのではなく，**どのような方法で・どのようなデータをもとに・どのようなタイミングで自己評価するのか**などを検討する必要がある。その点を踏まえ，未来そうぞう科の実践を行い，子どもたちの自己評価をベースとした具体的な評価方法の在り方について検討を重ねている。具体的な評価方法については，ポートフォリオを核に研究を進めている。

○デジタルポートフォリオ

　第4学年「Let's challenge 好きなこと〜好きを switch〜」は未来そうぞう科のA領域の自分自身を対象とする内容である。本単元は自分の好きなことや得意なこと，さらには友だちの好きなこと・得意なことへの挑戦を通して，友だちとの関わりの中で認め合い，自分の好きなことや得意なことを捉えなおすことで，自己肯定感を高めることをねらう活動である。「何かに挑戦し続けてきた自分を意味づけし価値づけすることができる子ども」の育成をめざし，ロイロノートを用いた**デジタルポートフォリオ**を活用した。子どもたちは自分や友だちが挑戦する様子を自分の視点で動画や音声，写真などに記録していった。時には立ち止まり，撮りためたものや友だちのアドバイスなどをもとに自分自身を多角的・多面的に見つめ直す姿が見られた。次のチャレンジへの意欲を高め，明確な課題を設定して挑戦する姿へとつながった。一方で挑戦を進めるものの，なかなか上達せずに，結果だけみると変化がほとんどないような子どもも見られた。しかし，結果だけではなく挑戦している過程でどのようなことが得られているのか，頑張っている姿そのものが素晴らしいことが伝わるように，わずかでも成長を捉えて編集している子どもも見られた。その姿はまさに挑戦し続けてきた自分に意味づけし価値づけする「創造的実践力」を発揮できた子どもであると言える。

　デジタルポートフォリオのよさはワークシートには残すことができない学びの過程を子どもの視点で動画や写真，音声などに記録できることである。この記録はワークシートで書いたものよりも生きた記録になり，編集や発信に使えるものとなる。さらに，書くことを不得手としている子どもにも有効である。しかし，子どもの発達段階やICT機器のスキル面，扱う時のルールづくりなど配慮しなければならない。ICT機器を扱う時に，ICT機器そのものへの誘惑を律して活用できるようになるためには，あらゆる場面でICT機器を使うことに慣れておくことが必要である。本校においては，第3学年が中心となって，ICT機器（主にiPad）の扱い方やICT機器を用いたプレゼンの習得をめざす学習もある。高学年になれば，様々なポートフォリオの方法（ロイロノート，iPadやiPod touchの動画・写真・音声機能，ワークシート，未来ノート）を活動に応じて取捨選択する姿をめざしたい。

○未来ノート

　本校では朝のモジュールの時間や未来そうぞう科の授業において，未来ノートを活用してい

る。昨年度は学年に応じて形式を変更したが，教師主体の学習評価の見取りの道具としての扱いとなっていたことが大きな課題であり，書くことを不得手とする子どもには厳しい側面があった。そこで本年度は子どもが「イメージ」を表出するためのツールとして，どんどんかきたくなるノート，自分の広げてきた「イメージ」をかき溜める足跡になるノート。そんな未来ノートをめざし，表紙も中身も無地のノートを準備し活用することとした。

　子どもたちは未来そうぞう科の授業のみならず，あらゆる教科でそのノートを活用する姿が見られる。これらの未来ノートにおいては，様々な活動に対する「没頭」する姿や「見通し」を持つ姿を垣間見ることができる。「イメージ」の見える化によって，子ども一人ひとりの考えに教師が価値を見出すことができる。そして，その子のよりよい成長に向けて，指導計画の見直しや教師の手立てを考える。これらを繰り返すことで授業改善が図られ，３つの資質・能力が高められると考える。しかし，子ども自身がこのノートを見返して立ち止まる場面が少ないことから，どのようなタイミングで未来ノートを活用するかについてはさらなる検討が必要である。

(3)「各教科における『未来そうぞう』」と「未来そうぞう科」とのつながりの強化

　「各教科における『未来そうぞう』」において，「未来そうぞう科」との親和性を明らかにし，各教科が未来そうぞう科にアプローチすることで，学校全体を通して，未来をそうぞうする子どもを育成することができる。「資質・能力」「イメージ・クリエイト」「教科横断的な学習」の３つの視点からアプローチしていく。

　昨年度は各教科の特性を活かして，どのように３つの資質・能力および態度を育んでいくことができるかを各教科が設定し，アプローチした。成果としては，各教科が資質・能力面におけるつながりを意識して，取り組むことができた。また，未来そうぞう科における資質・能力にアプローチしていく中で，それらの資質・能力を育てやすい教科があることや学びのプロセスにおいてつながる教科，さらには，未来そうぞう科と内容面とのつながりが濃い教科など，未来そうぞう科について，様々な視点でのアプローチが可能であることが示された。そこで，本年度は，未来そうぞう科にアプローチしていく視点を①**「資質・能力」**②**「イメージ・クリエイト」**③**「教科横断的な学習」**に焦点化した。そこで教科からどのような視点でアプローチできるかを検討した。次の**表8**は視点別の教科の一覧である。また，本年度の各教科における研究主題を**表9**に示す。

表8　未来そうぞう科にアプローチしていく視点とその主な教科

アプローチしていく視点	主な教科
資質・能力	全教科
イメージ・クリエイト	図工　音楽　体育　国語　算数　社会　道徳　外国語活動
教科横断的な学習	社会　家庭　理科

表9　各教科の研究主題

国語科	未来をそうぞうする子どもを育むための「学びの言語の習得と活用」 〜言葉における認識の機能とイメージとの関連性について〜
社会科	価値判断・意思決定しながら未来を思考する力を育む社会科授業
算数科	「捉えなおし」ができる子どもを育む学びのプロセス 〜場の設定と言葉がけ・価値づけ〜
理科	豊かな自然観に基づき，未来を創造する子どもを育てる理科教育 〜社会や自然の諸問題を教材化した単元開発を通して〜
音楽科	未来そうぞうの資質・能力を育成する「生成の原理」による音楽授業
図画工作科	造形活動を通して育む未来そうぞうの資質・能力
家庭科	批判的思考力を高め，よりよい未来の生活を創造しようとする子どもの育成
体育科	課題の解決に向けて“運動の楽しさ”をそうぞうする子どもの育成
道徳科	よりよい未来を『そうぞう』するための道徳科の授業づくり 〜自己を見つめ，自己の生き方を考える道徳科のカリキュラム開発〜
外国語活動	「未来そうぞう」において育成すべき資質・能力を育む外国語活動の授業づくり

アプローチ①「資質・能力」

　「資質・能力」の視点については，昨年度より，教科の特性を活かして，育むことができる力をそれぞれの教科で提案してきた。本年度は主にその資質・能力の育成に焦点をあて研究を進めていく。さらに，他の実践力につながりが見出せるのであれば，そこにも焦点をあてて研究を進めていく。

○音楽科　協働的実践力に焦点化した授業実践

　音楽科では「未来そうぞうの資質・能力を育成する『生成の原理』による音楽授業」という研究主題のもと，「音楽科における未来そうぞう」を実現するために，「よりよい〈表現〉をそうぞうする子ども」を育むことをめざしている。第6学年では，一弦箱（箱に輪ゴムをかけた楽器）の音色を活かした音楽づくりの実践を行った。そこでは，主体的実践力を働かせて自分の作った一弦箱の音色に耳を傾け，「鐘の音みたい」「花火の音みたい」「お箏の音みたい」とお気に入りの音を探す姿が見られた。そして，その音色をグループに持ち寄り，重ねたり順に鳴らしたりして，自分たちのイメージを表す方法を考え，自分たちの音楽作品をつくりあげていった。その姿から，協働的実践力を働かせることで創造的実践力が働く様子を見取ることができた。

アプローチ② 「イメージ・クリエイト」

「イメージ・クリエイト」 の視点については，未来そうぞう科における見方・考え方が大きく関わっている。未来そうぞう科は『各教科における未来そうぞう』において中核であるために各教科の見方・考え方を総合的に働かせてイメージ・クリエイトを往還させながら，対象についてアプローチしていく子どもの姿を想定して学習が展開されている。校内の夏の研修において，それぞれの教科の見方・考え方を出し合い，各教科の学びのプロセスが未来そうぞう科のイメージ・クリエイトにどのように関わっているのか，さらに教科ごとの見方・考え方が未来そうぞう科における見方・考え方につながりがあるのかを探り，各教科は実践を行う。

○算数科　捉えなおしの授業実践

　算数科では，捉えなおしのある学習展開を設定した。自分の考えをもとに，他者の考えを受け入れ，自分の考え方を変容させたり，強固にしたりし再構成することに焦点化した学習展開である。2年生「たし算の筆算」では，数を自ら決めて課題を解決する学習展開を行った。子どもは，たされる数とたす数を相互に関係づけたり，それぞれを答えと比べたりしていた。また新たに，きまりを見つけ「もし〜ならば」と仮定して考える姿がみられた。このように，数学的な見方・考え方を働かせる学習展開を設定することで，新たに意味や価値を見出す子どもの育成へとつながっていくことが考えられる。

アプローチ③ 「教科横断的な学習」

　「教科横断的な学習」 の視点については，未来そうぞう科と各教科との教科横断的な学習を行い，未来そうぞう科の内容面での関連はもとより，未来そうぞう科における3つの実践力の育成をめざし，単元開発を行う。

○未来そうぞう科，理科，社会科の教科横断的な学習

　社会や自然に目を向けた時，子どもにとって学びの必然性のある題材は身近なところに潜んでいる。しかし，その枠組みを指導者側が理科として捉えた場合，子どもにとって必然性のある学びに各学年の学習内容，理科のねらいなどの視点で制約がかけられてしまい，本校がめざす3つの資質・能力を育みにくい。そこで，本年度はその枠組みを大きく捉えなおして，子どもにとって，必然性のある学びを展開したいと考えた。その具体的な手立てとして，子どもたちにとっての身近な社会や自然における諸問題を教材化し，様々な教科の視点でアプローチしていくような単元開発が必要であると考える。

　今年は気象異常により，集中豪雨によって川の氾濫や土石流など各地において見られ，社会問題となっている。本校の近くにも「大和川」が流れ，大雨がある度に災害にあってきた歴史がある。そこで地域の河川を題材に単元開発を進める。以下は第4学年における教科横断的な学習の事例案である。

表10　第4学年における教科横断的な学習の事例案

学年	事例　単元名	4年 社会科	4年 理科	4年 未来そうぞう科
4年	タイムスリップ～大和川をめぐる過去から未来への命のバトン～	大和川をつくり変えた人々	流水の働き （5年の学習内容）	自分たちの地域の防災

６ 新教科「未来そうぞう科」における質問紙調査による効果測定

　先述のように，「主体性」「協働性」「創造性」という「態度」については，「主体的実践力」「協働的実践力」「創造的実践力」に含むものであるが，評価については，「目に見える行動や行為」として捉えることができる資質・能力と，資質・能力に含まれる態度とは異なる方法で捉えたい。

　「態度」を把握する方法として，心理尺度を活用した効果測定なども有効であると考えられる。「よりよい未来」について，直接的に自分自身に関わることとして捉えること，すなわち「自分事」として考えることができているかどうか，あるいは見通しを持って考えることができているかどうかについて見取ることができる，信頼性と妥当性を備えた質問紙調査を行い，効果測定を行うことで，研究の成果を実証していくことにする。質問紙については，先行研究における自尊感情や自己効力感等に活用される尺度等を参考にし，本校独自のもの開発し，活用していきたい。

７ 研究組織について

　本校は研究開発指定を受ける以前より，学校教育目標に即しためざす子ども像に向け，各教科が教科主任会・教科部会・G教（グループ教科部会）といった部会を構成し，組織的に研究を積み重ねて来た。第2年次以降からは図8のように，従来の研究体制に「未来そうぞう三部会」を加え，全教職員

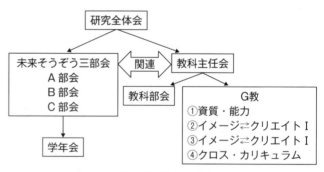

図8　研究組織の構成

をあげて未来そうぞう科を中心とした各教科・領域の学習を通して，未来をそうぞうする子どもの育成に励むこととした。第3年次からはG教をどのような視点から本年度アプローチをするのか教科ごとに意見を集め，再編し，研究にのぞめるよう構成した。

８ ICTを活用した学習展開の工夫について

　本校は全普通教室に電子黒板が設置されており，タブレット端末（iPadやiPod touch）を約200台保有している。これらのICT機器を活用して数年前より「知りたい内容を調べられるようにする，探究における活用」「調べた内容や資料の視覚化・共有化における活用」などの

視点から，授業での活用を進めてきた。

　また，本校は，パナソニック教育財団の特別研究指定校（平成28・29年度）に認定され，「BYOD社会に対応するスマートディバイスの効果的な教育的利用」を主題として現在研究を進めてきた。BYODとは「Bring Your Own Device」の略称で，自身が所有するスマートフォンやタブレットなどの情報端末を業務で利用することを意味する。上記のようなこれまでのICT活用に加えて，1人1台の学習環境を整えることで，アクティブ・ラーニングの充実や反転学習などの学習スタイルの広がりへとつなげることができると考える。

　これまで行ってきたICT活用及び一昨年より始まった「BYOD社会に対応するスマートディバイスの効果的な教育的利用」の研究は，本研究「未来を『そうぞう』する子ども」につながるものであると考える。「1人1台のICT機器を積極的に活用する」ことは「主体的実践力」へとつながり，「学び合いとしてのICT活用」は「協働的実践力」へとつながっていく。さらに「ICT機器をどのように活用するのか」という視点で考えれば「創造的実践力」にもつながっていく。ICT機器の活用は，本研究「未来を『そうぞう』する子ども」の育成を目的とする学びの中では非常に有効であると考えられる。

　これらを踏まえて，新教科「未来そうぞう科」及び「各教科における『未来そうぞう』の時間」においてICT機器の活用方法や探究方法を探っていきたい。

【引用文献】
(1) 「幼稚園，小学校，中学校，高等学校及び特別支援学校の学習指導要領等の改善及び必要な方策等について（答申）」（文部科学省中央教育審議会，2016年12月21日）
(2) 岩﨑千佳（2019）「創造的実践力の評価の視点と方法の開発—「未来そうぞう科」の実践を通したモデルの作成—」大阪教育大学教職員大学院　修士論文

●教育課程の見直し，リデザインに向けて　　　　　　木原俊行（大阪教育大学教授）

　大阪教育大学附属平野小学校（以下，附属平野小学校）が文部科学省指定の研究開発学校として新教科「未来そうぞう科」を中核とする教育課程を開発する実践研究に着手してから，はや3年強が過ぎた。その歩みは決して平坦ではなかったが，ふりかえってみると，同校の教師たちは，カリキュラム開発に求められる取り組みに創造的に向き合い，よき知見を導き出している。

　それは，まずは，資質・能力の明確化，構造化であろう。同校の「未来そうぞう科」では，「主体的実践力」「協働的実践力」「創造的実践力」という資質・能力の要素が設定され，それらの間の関係性が検討されている。次いで，そうした資質・能力を育むために必要とされる，教育内容の組織化である。同校では，「A　自分自身を対象とする内容」「B　集団や人間関係を対象とする内容」「C　広く社会や自然を対象とする内容」がいずれの学年の学びにも用意され，その段階性が構想されている。これらが生まれた過程，すなわち附属平野小学校の「未来そうぞう科」のカリキュラム開発の軌跡は，新学習指導要領においてあらゆる学校の教師たちに期待されている，いわゆるカリキュラム・マネジメントのモデルを提示している。

　附属平野小学校の教師たちは，上述したカリキュラムの柱を組み立てると同時に，それを機能させる教授−学習システムも構築している。それは，「実践的・体験的な活動」（学習活動），「イメージとクリエイトの往還」（学習方法），「没頭やレジリエンスなどの視点の設定」「自己評価を活性化するデジタルポートフォリオ」（いずれも学習評価）等に代表されよう。これもまた，新学習指導要領がすべての学校の教師に求めている「主体的・対話的で深い学び」を実現する方向性を具体化したものである。

　このように，附属平野小学校の教師たちは，子どもたちの創造性の涵養に資する教育課程をたくましく開拓してきた。そのフロンティア精神に敬意を表したい。と同時に，それが量的・質的に充実するよう，教育課程の見直し，リデザインに努めてもらいたい。そのためには，同校では，カリキュラム評価の視点と方法に関して，いっそうの工夫が必要とされよう。

●次世代のICT活用授業を拓く　　　　　　豊田充崇（和歌山大学教育学部教職大学院教授）

　通常の学習指導案には「鉛筆で文字を書く」「ノートを広げる」などといった当たり前の動作は記載されないのと同じように，平野小では「ICTを活用する」とはほとんど記載していない。（指導者が）教材を提示する，（児童らが）調べる・まとめる・伝える・意見共有するといった場面で，あたかも当然のようにICTが使われているため，既にICTは「文具レベル」に到達したといえるからだ。

　更に，これまでの取り組みによって，「次世代のICT活用」では，モバイル端末とクラウドサービスを用いて，学校の授業と家庭学習とのリンクや宿題の高度化を念頭に置いて考える重要性が示唆された。ICT（モバイル端末とクラウド利用等）によって，平野小の家庭学習は「単に一人で問

題を解く時間」ではなく，授業で学んだ技能を発揮する場，対面授業充実への準備時間，保護者や地域との連携を図る機会，多様な外部評価を得る場など，「授業と連動し，学びを補完する機会」となった。

　従来の反転授業では，「説明時間を短縮するため，事前に映像視聴をしてくる」という趣旨が語られ，どちらかというと授業の効率性が問われるといった印象を受けてきた。平野小では，その定義を再考し，自宅で落ち着いて想像力を働かせ，創造性を発揮するといった学習活動を加えることで，「次世代の授業」として大きな変革の一歩を踏み出せたといえるのではないだろうか。

●ウェルビーイングを高めるコンピテンシー育成のためのカリキュラム開発

佐藤　真（関西学院大学教授）

　周知のように，OECD（経済協力開発機構）はEducation2030プロジェクトを2015年から進めている。目標は，Well-being（ウェルビーイング）という身体的・精神的・社会的に健やかな幸福である。現在そのような，よりよく豊かに幸せに生きるためのコンピテンシーを育成するためのカリキュラムと教育方法が求められている。

　コンピテンシーの核はKnowledge（知識），Skills（スキル），Attitudes（態度），Values（価値）であるが，それらは単独ではなく総合的に発揮されることにより多様で複雑な事象や複合的な課題に対応するものである。今後，Agency（エージェンシー）と言われる「社会に変革を起こす力を持った主体」として児童がよりよい未来を創造するためには，責任感を持って社会参画をしていくことが肝要である。そのためには，児童や教師のみならず様々な市民等々との広範囲で互恵的な協力的関係性によるCo-Agency（共同エージェンシー）が重要とされている。

　「未来そうぞう」ではSDGsのような人類共通課題に取り組むProject-based Learning（プロジェクト学習）がみられるが，まさしくEducation2030におけるカリキュラムや教育方法と軌を一にするものといえよう。今後は，児童がAgencyとして自分の学びの価値を意味づけ，さらに学び続けられるよう，如何にAppreciation（真価を認め励ます）としての評価ができるのかという大人の見取りの振る舞いこそが問題とされよう。

2章

「未来そうぞう科」編

1 未来を「そうぞう」する子どもを育成するためのカリキュラム開発

■1 未来を『そうぞう』する子ども

未来を『そうぞう』する子どもを以下のように定義づける。

> どんな状況においても，共によりよい未来をそうぞう（想像・創造）しようと，「主体的実践力」「協働的実践力」「創造的実践力」を発揮し，自分，集団，社会・自然などに対して，多角的・多面的にアプローチし続けることができる子ども

■2 3つの資質・能力

「未来を『そうぞう』する子ども」に必要な資質・能力を以下の3つに設定した。

> 【未来を『そうぞう』する子どもに必要となる3つの資質・能力】
> **主体的実践力**……対象に対して主体的，自律的にアプローチすることができる力
> **協働的実践力**……多様な集団の中においても，積極的に関わり協働的にアプローチすることができる力
> **創造的実践力**……よりよい未来をつくるために，アプローチし続ける中で，新たに意味や価値を見出すことができる力

子どもたちは対象にアプローチする時に，主体的，自律的に考えたり行動したりする。友だちと協力することでその考えや行動はより広がり，深まる。考えや行動に新たに意味や価値を見出すことは対象の未来をよりよいものへとつくり変え続けることである。この一連の営みの中で主体的実践力と協働的実

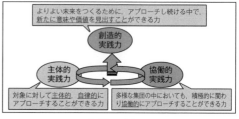

3つの資質・能力の関係性

践力が両輪となって発揮されることによって，創造的実践力が育成できると考えられる。

■3 未来そうぞう科

(1)目標，見方・考え方

> 【未来そうぞう科の目標】
> 「自分自身」「集団・人間関係」「社会・自然」に対して実践的・体験的な活動を通して，未来そうぞう科の見方・考え方を働かせて，どんな状況においても希望を持ち，共によりよい未来をそうぞうしようとするための「主体的実践力」「協働的実践力」「創造的実践力」を育成することをめざす。

> 【見方・考え方】
> イメージ・クリエイトの往還を通して，多角的・多面的にアプローチし，過去・現在・未来と関連づけながら，よりよい未来の実現をめざそうとすること。

⑵イメージ・クリエイト

子どもは，「イメージ（想像）」と「クリエイト（創造）」を繰り返しながら対象に対して向き合っていく。子どもたちは学びの対象と向き合う中で現状がより望ましいものへと変容することを思い描き，新しく行動を起こしたり，立ち止まったりする。このような一連の営みは「未来そうぞう科」だけではなく，既有の教科においても行われると考える。イメージ・クリエイトは互いに往還しながらも，より広がり，深まりのある「イメージ」がより具体的な「クリエイト」につながり，その「クリエイト」がさらに，広がり深まりのある「イメージ」へとつながっていく。このような学びのプロセスを往還させることによって，「イメージ」と「クリエイト」の質を高めながら「未来を『そうぞう』する子ども」をめざして進んでいく。

❹ 未来そうぞう科の内容

⑴3つの学習テーマの視点

未来そうぞう科の目標を達成するために，3つの学習テーマの視点を設定した。また，内容項目を分類整理し，内容の全体構成及び相互の関連性と発展性を明確にしている。

　　A領域　　　自分自身を対象とする内容
　　B領域　　　集団や人間関係を対象とする内容
　　C領域　　　広く社会や自然を対象とする内容

イメージ・クリエイト

「自分自身を対象とする内容（A領域）」は，自己の在り方を自分自身との関わりで捉え，望ましい自己の形成を図る過程で，自分自身の理解を広げ，深めていくものである。

「集団や人間関係を対象とする内容（B領域）」は，学級や学年，隣接学年，異学年との関わりの中で，自分の立場や関わり方を変化させていくものである。「広く社会や自然を対象とする内容（C領域）」は，身近な自然や地域，現代の環境や社会について自分事と捉え，関わる対象を広げながら，課題を解決しようとアプローチしていくものである。

⑵内容の取扱い方

①各学校における内容の工夫

3つの内容に示されている1つの内容項目が独立して働くものではなく，互いに働きかけたり，働きかけられたりする。さらには，既有の教科も含めて，一体的に補い合って高めていくことが重要である。また，主体的実践力・協働的実践力・創造的実践力は，必ずしも1単位時間の授業の中で全てが実現されるものでもない。単元や内容や時間のまとまりの中で，例えば，主体的実践力を持って学習に取り組めるよう学習の見通しを立てたり，学習したことをふりかえったりして，自身の学びや変容を自覚するといった自己評価の場面をどこに設定するか，考えを広げたり，深めたりする場面をどこに設定するか，創造的実践力を育むために，単元をどのように組み立て進めていくかが求められる。さらに，子どもや学校の実態に応じ，多様な学習活動を組み合わせて授業を組み立てていくことが重要である。

②関連的・発展的な取り扱いの工夫

　他教科等で身につけた資質・能力をつながりのあるものとして組織化し直し，それらが連動して機能するようにすることが大切である。これからの時代においてより求められる資質・能力は，既知の特定の状況においてのみ役立つのではなく，未知の多様な状況において，自在に活用することができるものであることが求められている。そのために，各教科等の内容について，「カリキュラム・マネジメント」を通じて，相互の関連づけや横断を図り，必要な教育内容を組織的に配列し，未来そうぞう科と関連する教科等の内容と往還できるようにすることが大切である。未来そうぞう科を含め，教科横断的に学習を進める中で，課題を見つけ，収集した情報からよりよい未来へと方向づけしたり，コミュニケーションを図ったり，ふりかえったりするなどの学習活動を行うことが重要である。

　このような過程において，各教科等で身につけた資質・能力や，それまでに未来そうぞう科で身につけた資質・能力を相互に関連づけるような学びの展開が重要である。また，未来そうぞう科で身につけた資質・能力を各教科等で活かしていくことも大切である。未来そうぞう科での成果が，当該学年だけでなく，先の学年における各教科等の学習を動機づけたり，推進したりすることも考えられる。

⑤ 各領域における指導の観点

(1)各領域における主な対象例

A領域：自分自身	B領域：集団や人間関係		C領域：社会や自然	
好きなこと・得意なこと 様々な生き方・考え方との出会い 自分の生き方・考え方	学級・学年 隣接学年 隣接校園 （幼稚園・ 保育所・ 特別支援学校・ 中学校等）	（縦割り活動）異学年	校庭 学校 地域 日本 世界 地球 宇宙	自分・家族・学級・ 学年・動物・植物・ 暮らし・防災・ 情報・科学技術・ 環境・国際理解・ 伝統・文化・ 健康・福祉 など

◆A領域は自分自身の「好きなこと」を追求していく中で，自分自身を深めていく。さらに教師や保護者，友だちなどと関わることで，新たな自分に気づき，自分自身を広げていく。

◆B領域はクラス，学年，異学年，特別支援学校や幼稚園の集団を学びの対象とする。学びの対象である集団が変化する中で，子どもがそれぞれの立場や関わり方を変化させていく。

◆C領域は身近な自然や生命，地域や現代の社会や環境における諸問題などを学びの対象にしている。その中で関わる社会・自然を広げていく。その対象に対して，子ども自ら問いを持ち，解決していく。

　ABCの領域はそれぞれに独立して働くものではなく，互いに働きかけたり，働きかけられたりする。さらには，既有の教科も含めて，一体的に補い合って高まっていく活動であると考

える。そして全ての対象を網羅するものではなく，子どもの実態・学校環境等によって変わるものである。子どもの思いや願いにそった柔軟なカリキュラムをめざす。

(2)各領域における目標と指導の要点

①自分自身を対象とする内容（Ａ領域）

　自分自身を知ることで，希望を持って生きていく自分自身の将来の姿を「想像」し，そのイメージを実現し「よりよい未来」を「創造」するためにはどのように生きていくことが望ましいのか，自分自身にアプローチすることができる学習展開を行う。

1　各学年の目標

【Ａ領域におけるめざす子ども】

　自分を肯定的に受け入れ，他者との関わりの中で自分を捉えなおし，未来をよりよく生きるために，今の自分に意味や価値を見出し続けることができる子ども。

各学年の目標

[第1学年及び第2学年]

〈主体的実践力〉自分の決めた課題に対して自ら進んで活動することができる。

〈協働的実践力〉課題を解決するために，友だちと協力することができる。

〈創造的実践力〉課題を解決するために，現在の興味から，自分なりに工夫し，自分を高めることができる。

[第3学年及び第4学年]

〈主体的実践力〉今の自分を高めようと，自分の決めた課題に対して自ら対象に関わり続けることができる。

〈協働的実践力〉他者との関わりの中で，今の自分を高めようと自分とは違う立場の人と協力することができる。

〈創造的実践力〉過去・現在を見通して，様々な見方・考え方を働かせ，今の自分を高めようとする過程に対して意味や価値を見出すことができる。

[第5学年及び第6学年]

〈主体的実践力〉自分を肯定的に受け入れ，自分を捉えなおし，困難があってもくじけずに自ら対象に関わり続けることができる。

〈協働的実践力〉他者との関わりの中で自分を捉えなおし，自分とは違う立場の人の見方・考え方と，比べたり関連づけたりして，受け入れることができる。

〈創造的実践力〉過去・現在を根拠に見通しを持って，多角的・多面的な見方・考え方を働かせて，自分の在り方に意味や価値を見出したりし続けることができる。

---

2 A領域の概要

　変化が激しく先の見通しが持ちにくい現代社会において，明るい希望がなかなか持ちにくい日々に，よりよい未来を「想像」し，「創造」することができる力が必要である。A領域では，「未来によりよく生きる自分」をそうぞう（想像・創造）するために，自分の在り方を肯定的に捉え，「"今"の自分自身はかけがえのない価値ある存在であり，大切にしていきたい何かを持っている」と思えることが大切だと考えられる。つまり，自己肯定感を高めていくことが重要である。

　A領域を通して，主体的実践力を発揮し，自分を肯定的に受け入れ，あきらめず自ら対象に関わり，協働的実践力を発揮し，他者との関わりの中で自分を捉えなおし，そして，未来につながるよりよい自分をつくるために，創造的実践力を発揮しながら，自分の在り方を積極的に意味づけ，価値づけし続ける子どもを育むことをめざしている。

3 指導の要点

[第1学年及び第2学年]

　自分の中の「好きなこと」「楽しめること」に十分に没頭する経験を積み重ねることで，「一生懸命何かをするって楽しいな」「やっぱり自分は○○が好きなんだな」という思いを育てることが大切である。

[第3学年及び第4学年]

　他者意識が広がり始める中学年では，自分の「好き」や「得意」に目を向け没頭するだけでなく，他者と交流することで，自分の「好き」を認めてもらえたり，友だちの「好き」を自分の中に取り入れたりする経験を積むことが大切である。

[第5学年及び第6学年]

　自分の「好き」や「得意」を追究するだけでなく，好きなことを持っている人，好きなことから仕事につなげている人，やっているうちに好きになった人，自分の仕事や今の自分に誇りを持っている人，など様々な人の考

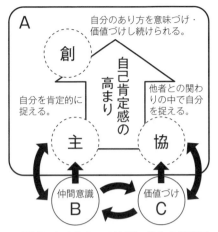

A領域における3つの資質・能力の構造図

好きを広げ・つなげよう

好きをSwitch

LIFE〜他者と出会い　自分を考える〜

え方や生き方に触れ，自分の在り方を捉えなおすことが大切である。その中で，「どんな自分も認めてあげていいんだ」と自己を肯定的に捉えることのできる見方・考え方ができる子どもにつながっていくと思われる。

②集団や人間関係を対象とする内容（B領域）

多様な集団との関わりの中で，相手の気持ちを「想像」し，人との関わりを深めることがよりよい未来の「創造」へとつながっていくということを実感でき人間関係形成につながるように，人と人との関わり方にアプローチすることができる学習展開を行う。

1　各学年の目標

> 【B領域におけるめざす子ども】
> 　自分が所属する集団での課題解決を通して，仲間意識を持ち，多様な集団の中で活動することへの意味や価値を見出し続けることができる子ども。
>
> 各学年の目標
> ［第1学年及び第2学年］
> 〈主体的実践力〉楽しんで活動に参加することができる。
> 〈協働的実践力〉他者の意見を聞いて，仲良くすることができる。
> 〈創造的実践力〉自分が所属する集団での課題解決を通して，人と関わることへの楽しさを見つけることができる。
> ［第3学年及び第4学年］
> 〈主体的実践力〉集団の関係や活動内容がよりよくなるように意見を出したり，自ら進んで楽しんで活動に参加したりすることができる。
> 〈協働的実践力〉他者の思いやねがいを受け入れ，協力することができる。
> 〈創造的実践力〉自分が所属する集団における課題解決を通して，自分の役割にやりがいを持つことができる。
> ［第5学年及び第6学年］
> 〈主体的実践力〉自律的に判断しながら，方向づけて活動することができる。
> 〈協働的実践力〉自分の役割を理解して，他者の思いやねがいを受け入れ認め合いながら，協力することができる。
> 〈創造的実践力〉自分が所属する集団での課題解決を通して，多様な集団の中で活動することへの意味や価値を見出し続けることができる。

2 　B領域の概要

　相手の気持ちを「想像」し，よりよい人間関係を「創造」することができる子どもの姿の実現のために，学級・学年・異学年・隣接学校などと関わり合って取り組む各学年での活動から育んでいくことが重要である。その時に土台となるのが「仲間意識」である。仲間意識を持つには，互いに興味を持ち，相手のことを知り合うことから始まっていく。また，共通の目的を持ち，考えを出し合ったり活動したりする中で，自分の役割を持って行動できるようになると考える。このような経験の積み重ねをもとにし，多様な集団に対して自律的に判断しながら他者の思いやねがいを受容・共感し，活動することへの意味や価値を見出し続けることができる。

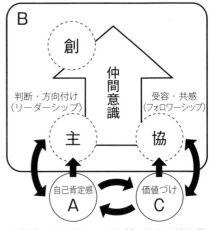

B領域における3つの資質・能力の構造図

3 　指導の要点

　対象となる集団と，そこでの役割によってリーダーシップ，フォロワーシップが発揮され，豊かな人間関係を築き上げる。発達段階に応じて適切にリーダーシップとフォロワーシップを発揮できる集団や場の設定が手立てとして必要となる。

【学級・学年】

　学級・学年集団での関わりでは，友だちのことを知り，友だちと関わることの楽しさを見つけることに重点をおく。日々の生活を共にする中で，多様な考え方や感じ方があることを知り，時には葛藤や対立を経験することもある。こうした中で，よりよい人間関係を築きより豊かな生活を送るために，様々な課題の解決方法を話し合い，合意形成を図って決まったことに対して協力して実践したり，意思決定したことを実践したりすることが大切である。例えば，互いを知るために，自分のことを話し・相手に質問をするスピーチ，班遊びやみんな遊び，学級を超え学年でレクリエーション大会をするなどの活動などが考えられる。

香港の小学校との交流

【多様な集団との関わり】

　多様な集団とは幼稚園や保育園，特別支援学校，中学校などの隣接校園のことである。隣接校園との交流のよさは小学校の異学年交流では置かれることがない立場で活動できることである。例えば，1年生と幼稚園の子どもとの交流では，受容・共感される側になりがちな1年生が年上となる。年上になった1年生が活動や関係がよりよくなるように，年下の幼稚園の子どもに対して，時には受容・共感し，判断し方向付ける姿が期待できる。また，4年生と特別支援学校の子どもとの交流では，受容・共感してくれることが前提である集団ではないため，特別支援学校の子どもにどのように

アプローチすればよいのかを関わりの中から見つけていく姿が期待できる。このように多様な集団と関わりでは，普段の学校生活とは異なる立場となるように計画することが大切である。

【異学年同士の関わり】

学級・学年集団の枠を超えた異学年同士の関わりのことである。当該学年の発達に対応した重点をおくことができる。1年生と6年生で小グループを構成した交流を例に挙げる。1年生にとっては，自分たちよりも年上の児童と交流することで，あまり知らない人とコミュニケーションをとる経験を得ることができ，6年生と一緒に遊ぶことで，楽しい時間を共有でき，主にフォロワーシップを育むことにもつながる。6年生にとっては，年齢の離れた1年生に対し

1年生と6年生の交流

てどのように関わるのか，工夫や意欲を要することで，主にリーダーシップを育むことができる。それだけでなく，1年生への関わりの中で，同じ6年生同士での意外な一面や努力している姿などを発見できることや，学級の中での関わり方をふりかえる機会ともなる。あらためて6年生にとっても有意義な関わりとなるよう，友だちや学級での関わりを捉えなおすことができるような場の設定や自己評価の手立てが鍵となる。

【異年齢集団】

全学年縦割り班活動「友だちタイム」では，異年齢集団における協働性を育むことをねらっている。異年齢集団のよさは，自然とリーダーシップ，フォロワーシップを発揮できることにある。その中で，異年齢集団であっても，一緒に取り組む楽しさやよさを感じることができる。
※グルーピング…異年齢集団の中で，さらに，1年生から6年生までが1人ずつ入った小班を構成することで，より一人ひとりの役割が明確になり，ねらいとするリーダーシップやフォロワーシップが，より発揮されやすいと考える。

・第1学年・第2学年

異年齢集団との関わりでは，多様な集団の中でも共通の目的のもと，自分なりの思いやねがいを持ち，楽しんで活動に臨めることに重点をおく。自分よりも年上の人への憧れや，また憧れの存在に認めてもらえる喜びを感じられる場を構成する。

・第3学年・第4学年

異年齢集団との関わりでは，自分自身が楽しんで活動する共に，集団の関係や活動内容がよりよくなるように自分の意見を持って活動に臨めることに重点をおく。活動においては，役割を与えたり，自ら役割を持ったりすることができるように配慮すると共に，その役割に対してやりがいを感じられる場を構成する。

・第5学年・第6学年

異年齢集団との関わりでは，集団の中でリーダーとしての役割を担うことが多くなる。そのため，下の学年の子どもたちの思いやねがいを受け止め共感しながらも，集団や活動内容がよ

りよくなるように，自分たちが判断して活動に臨めることに重点をおく。活動においては小班による活動を多く取り入れ，リーダーとして責任感を持って活動できる場を構成する。

友だちタイムの活動内容

〈遊び〉

友だちタイムで扱う題材は，目的意識（仲間づくり等，〜のために）を持ったうえで，既存の遊びにとらわれず，「これ（学習材）で何ができるかな」と遊びを工夫し，発展していけるものとして，次のような条件を考慮するとよいと考えられる。

①目的意識（〜のために，…をしよう）

②選択性（自由に選べる）
「これで何をしようかな」

③多様性（考え・方法）
「どんなやり方で
やってみようかな。」

④安全性

⑤空間的自由
（場所の保障）

⑥時間的自由
（連続，再経験が可能）

⑦操作的自由
（簡単なルール，技能的に容易）

〈友そうじ〉

低学年は，掃除用具の基本的な使い方を知り，みんなと一緒に取り組む姿をめざす。中学年は役割分担に参加し，低学年にコツを伝える姿をめざす。高学年は集団全体をよりよくするために役割意識を持って行動する姿をめざす。

友そうじ

〈運動会〉

友だち班対抗での全校競技によって，仲間意識を高める。友だちタイムで練習し，コツや作戦を話し合い，声を掛け合いながら工夫して取り組む過程を大切にする。

旗ハラハラ

〈友タイ遠足・お別れ遠足〉

高学年が中心となって計画・役割分担・準備し，下の学年へ声かけする（進捗状況の確認・相談等）。中学年は，役割分担に沿って取り組む（みんなが楽しめ

友タイ遠足

る遊びを考え，ゲームを進行する）。低学年は，友だちの考えを聞き，できることを考えて参加する。

　③広く社会や自然を対象とする内容（C領域）

　自分を取り巻く社会や自然について「自分事」として捉え，「社会」や「自然」の「よりよい未来」の「創造」に向けて，それらに対して自分なりにできることを「想像」し，社会や自然にアプローチすることができる学習展開を行う。

1　各学年の目標

【C領域におけるめざす子ども】

　よりよい未来をそうぞうするために，他者と共にどのような課題においても，課題解決のためにアプローチし続ける子ども。

各学年の目標

[第1学年及び第2学年]

〈主体的実践力〉対象に関心を持ち，これまでの学びや経験を思い出し，課題解決に向けて楽しんで活動することができる。

〈協働的実践力〉自分とは違う思いや気づきを知り，協力して働きかけることができる。

〈創造的実践力〉対象のよりよい未来のために，自分なりに工夫しながら，考えたり活動したりすることができる。

[第3学年及び第4学年]

〈主体的実践力〉対象を自分とつなげて捉え，これまでの学びや経験をもとに，課題解決に向けて試行錯誤しながら活動することができる。

〈協働的実践力〉自分とは違う様々な思いや考え方を受け入れ，協力して働きかけたり活動したりすることができる。

〈創造的実践力〉対象のよりよい未来のために，現状を捉え，多様な方法からつながりを見出しながら，見通しを持って考えたり活動したりできる。

[第5学年及び第6学年]

〈主体的実践力〉対象を自分事として捉え，これまでの学びや経験を活かして，課題解決に向けて自律的に活動することができる。

〈協働的実践力〉自分とは違う価値観を受け入れ認め合いながら，協力して対象に働きかけることができる。

〈創造的実践力〉対象のよりよい未来の実現のために，様々なものごとを多角的・多面的に捉え，それぞれの意味や価値を見出し，活動したり発信したりし続けることができる。

2　C領域の概要

C領域においては，自分の身近なものやことから始まり，今まで自分事として考えることの少なかった地球や宇宙などにも目を向けアプローチしていく。そこにアプローチしていく際には，自分1人もさることながら，他者と取り組むことに大きな意味が出てくる。

C領域では，多角的・多面的に物事を捉えることを通して，A領域・B領域で培った力も発揮しながら，未来そうぞう科の集大成となる活動をすることができると考える。6年間の系統性を考えつつ3つの資質・能力の育成を図ることで，よりよい未来をそうぞうする子どもを育んでいきたい。

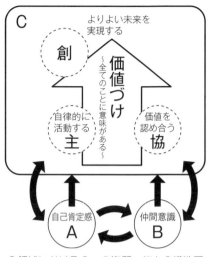

C領域における3つの資質・能力の構造図

3　指導の要点

C領域では，課題に取り組む上で，今まで考えもしなかったもの・こと・ひとに出あうような場を設定するようにする。この時に，「今まで経験したことがないから」や「わからないから」といって向き合わないのではなく，まずそのままを受け入れようとすることが重要となってくる。SDGsの視点を踏まえ，よりよい未来をつくるために今の自分たちには，何ができるのかと試行錯誤し，アプローチし続けていくことができるようにする。

［第1学年及び第2学年］【没頭】

低学年においては，自分の身近なもの・こと・ひとを対象として扱う。低学年では，様々なことに関心を持つことが重要である。「何にでも関心を持つ」「楽しむ」「自分なり」が，未来をそうぞうする子どもを育むための，基礎的な要素となってくるからである。

そのため，実際に触れることのできる身近なもの・こと・ひとと関わるという実感を伴った経験から，課題解決のためにアプローチしていく。

植物園

［第3学年及び第4学年］【つながり】

中学年においては，今まで直接関わることの少なかったもの・こと・ひとについても，対象として扱う。教科としても理科や社会科が入ることで，学習で扱う範囲も広がるからである。中学年では，

秋祭り

様々なことのつながりに目を向け，試行錯誤しながら活動することが重要である。ここにおけるつながりとは，対象と対象のつながり，人と人とのつながり，時間的なつながり，空間的なつながり等，様々なつながりを意味している。前述のような様々なつながりが，未来をそうぞ

うする子どもを育むための，発展的な要素となってくるからである。

　そのため，関わったことの少ないもの・こと・ひとを対象とすることでつながりに目を向け試行錯誤しながら，課題解決のためにアプローチしていく。

平野ＥＸＰＯ

[第5学年及び第6学年]【価値づけ】

　高学年においては，これまでの学びや経験をもとに，今まで考えたことのない，または，関わったことのないもの・こと・ひとについても，対象として扱う。しかし，あくまでもこれまでの学びや経験をもとにしたそれぞれの興味関心から対象の範囲を広げていく。高学年では，よりよい未来の実現のために，どのような課題でも自分事として認識し，対象を多角的・多面的に捉え，意味や価値を見出し続けることが重要である。

　そのため，今まで考えたことのない，または，関わったことのないもの・こと・ひとを対象とすることで，あらゆることを自分事として捉え，自律的に課題解決のためにアプローチしていく。

自然と共生

事例1

第**1**学年

1ねん2くみをパワーアップ！

1 単元について

(1)単元の内容【集団や人間関係を対象とする内容】

　本単元は，未来そうぞう科のＡ領域とＢ領域を往還しながら，自己肯定感を高め，まわりとあたたかい関係性を築くことにより，学級や学年としての集団の力を高めていく活動である。

　小学校に入学して間もない子どもたちの中には，友だちと関わり方がわからない子が数多くいた。今後，社会で子どもたちが自分らしさを発揮しながら自信を持って行動し人とうまく関わることができるよう，自己肯定感とコミュニケーション力を高める活動に取り組んだ。

　まず，教師が進んで子どもたちのよさを認めて励まし，価値づけする。そして，子どもたちはお互いのよいところを伝え合う活動で自己肯定感を高める。さらに，簡単なコミュニケーションゲームや話し合いを繰り返すことで，対話の楽しさを知る，新しいアイデアを創り出す等の学習活動や生活でも役立つ力をつけていく。一人ひとりが人とうまく関わる力を身につけ，あたたかい関係性を築くことが，学級や学年といった集団の力を高め，主体的・対話的で深い学びにつながると考える。また，コミュニケーション力をつけることを目的とした活動を意図的に繰り返すことで子どもたちの横のつながりを強くし，あたたかい関係性を築く。本単元では，子どもたちが楽しみながら基本的なコミュニケーション力を鍛えることを目標とする。

(2)単元の目標

・楽しんで活動に参加することができる。自分の考えを進んで伝えることができる。

【主体的実践力】

・友だちと関わりながら，自分とは違う考え方があることを知り，協力することができる。

【協働的実践力】

・ゲームや話し合い活動をとおして，人と関わることへの楽しさを見つけることができる。

【創造的実践力】

(3)未来をそうぞうする子どもを育成するために

○活動を繰り返す

　本単元では，簡単なゲームや話し合いをとおして対話の楽しさを知る経験を繰り返す。

○活動をふりかえる

　活動後には，感想を伝え合うことで，自分自身と友だちの成長について相互評価を行う。

　これらの活動を意図的に繰り返し行うことで，コミュニケーション力を高め，よりよい未来をそうぞうするための3つの実践力を育むことにつながっていく。

② 授業の実際

目標 ○自分の考えを進んで伝えることができる。 　【主体的実践力】

○友だちと関わりながら，自分とは違う考え方があることを知り，ゲームを楽しむことができる。 　【協働的実践力】

	子どもの姿	教師の役割
導入	**1．本時のめあてを確認する。** 色んなコミュニケーションゲームをしてきたね。　みんなでもっと色んな話をしたいな。 1年2組をパワーアップしよう。	今までのコミュニケーションゲームでついた力を思い出し，さらにどんな力をつけると学級がパワーアップするか考えさせる。
展開	**2．「A vs Bゲーム（菊池，2018）」（討論ゲーム）のルールとこのゲームで大切な力を確認する。** この前やったゲームだね。きちんと顔を見てお話ししよう。　「でも」って言う前には「そうですね」を言うとよかったよね。 **3．「A vs Bゲーム」を行う。** ⑴「大人と子どもは，どっちがとくか」について話し合い，最後にどちらの意見に納得したか考え，勝敗を決める。 ⑵どの意見に納得した等決めた理由を伝え合う。 わたしは，子どもだと思うな。だって…。 そうだよね。でも，大人は…だから，大人のほうがとくじゃないかな。 ○○さんの意見に納得したから，子どもにしました。 	前回を思い出しながらルールや大切な力を確認し，掲示・板書（視覚化）する。 プラスの声かけをしながら，前回よりレベルアップさせるようにする。 困っていることやうまくいっていることを学級全体で共有し，活動を深められるようにファシリテーター役に徹する。
終末	**4．今日の活動をふりかえる。（ワークシート・発表）** 自分の意見をしっかり言えたよ。 ○○さんの説明が上手だったよね。 	具体的な子どもの様子から本時の活動での成果と反省を出し，次の活動への意欲を高める。

③ 実践のためのポイント

○ゲームを使って，楽しみながらコミュニケーション力を高めることができる。

○よい姿を共有することで子どもたちの意識が高まる。そのためには，教師がその姿をしっかりと見取ることが必要。

【参考文献】

菊池省三・菊池道場（2018）『個の確立した集団を育てる学級ディベート』中村堂

事例2

第1・2学年 ヒメちゃんと いっしょ

1 単元について

(1)単元の内容【広く社会や自然を対象とする内容】

　本単元は，１・２年生がそれぞれヒメちゃんとの関わり方を考える単元である。これまでヒメちゃんを，自分の家族のように大切に飼ってきた２年生。来年３年生になると，使用する運動場が変わり，今までのようにお世話ができなくなる。続けて世話をしたいが，このまま自分たちが世話を続けると卒業と同時にヒメちゃんの育ての親がいなくなる。そこで，ヒメちゃんのことを考え，世話を１年生に引き継ごうと決心した。前単元では，１年生が世話をしたいと思えるよう，まずはヒメちゃんを好きになってもらう活動を続け，「お世話をしてみたい」という声が返ってきた。本単元では，１年生がヒメちゃんと向き合うところから始まる。初めて関わってみて生まれる様々な思いは，２年生もこれまでに経験して感じてきたことである。試行錯誤した経験があるからこそ，歩みよれるのではと考えた。本時では，活動をしてきた１年生の生の声を聞く時間を設定する。１年生の葛藤や素直な思いを聞くことで，自分たちの経験が想起され，「ヒメちゃん」という対象にとってのよりよい未来のために活動を進められる創造的実践力を育んでいきたい。

(2)単元の目標

【主体的実践力】		【協働的実践力】	
〈1年〉ヒメちゃんに興味を持ち，これまでの学びや経験を思い出しながら積極的に考えたり活動できる。	〈2年〉ヒメちゃんに関心をもち，これまでの学びや経験を思い出し，課題解決に向けて楽しんで活動できる。	〈1年〉友だちや２年生と関わりながら，自分とは違う考え方を知り，協力して働きかけたり活動できる。	〈2年〉友だちや１年生の自分とは違う思いや気付きを知り，協力して働きかけることができる。
【創造的実践力】			
〈1年〉これまでの学びや経験を思い出しながら，自分なりに工夫し，ヒメちゃんについて考えたり関わったりすることができる。		〈2年〉ヒメちゃんのよりよい未来ために，これまでの学びや経験を思い出し関連させながら，自分なりに工夫し，考えたり活動したりすることができる。	

(3)未来をそうぞうする子どもを育成するために

○実体験から得た学びや課題をもつ１年生と，過去にそのような課題と向き合い，今もヒメちゃんのために力になりたいと思う２年生が話し合い，思いや考えを共有する場の設定によって，イメージ・クリエイトの往還が進み，創造的実践力を育むことができると考える。創造的実践力の「新たな意味や価値を見出す」には，自分とは違う視点から考えることが重要となる。

❷ 授業の実際

目標 ○友だちや2年生と関わりながら，自分とは違う考え方を知り，協力して働きかけたり
　　　　活動したりすることができる。　　　　　　　　　　　　　　　　　　【協働的実践力】
　　　　○1年生や友だちとは違う思いや気付きを知り，これまでの学びや経験を思い出し，関
　　　　連させて考えることができる。　　　　　　　　　　　　　【協働的実践力】【創造的実践力】

未来そうぞう科

国語科

社会科

算数科

理科

音楽科

図画工作科

家庭科

体育科

道徳科

外国語活動

	子どもの姿	教師の役割
導入	**1．本時のめあてを確認する。** **ヒメちゃんとのこれからを考えよう。** 〈1年生〉　　　　　　〈2年生〉 2年生に教えてもらって，お世話の流れがわかってきよ。でも思っていたより大変。2年生はどうやっていたのかな。　／　1年生，上手にお世話をしていて，ヒメちゃんも嬉しそうだったよ。困ったこととかはなかったかな。	これまでの経験を思い出しながら，子どもたちが今日やりたいと思っていたことについて再確認する。全体での話としては，それぞれの立場で，ヒメちゃんとのこれからをどうしていくかの話し合いをする方向性であることは全体の場で確認しておく。
展開	**2．学年に分かれて話し合う。** 〈1年生では〉　　〈2年生では〉 正直大変だから続けられるか心配。2年生の思いを聞きたい。　／　ふんを取るのに困っているかも。この道具の使い方を教えてあげよう。  **3．全員で集まり，グループで自由に話し合う。** 　2年生は，なんでヒメちゃんを飼うことにしたの？　こわいと思うことはなかったの？　／　あったよ。でもだんだんなれるよ。ヒメちゃんも覚えてくれるよ。 2年生の私たちは，1年生のみんなにヒメちゃんのことを知ってもらおうとして，歌をつくって紹介することにしたんだよ。	合流する時までに，自分の学年だけでしておきたいことを確認する。特にヒメちゃんのことの確認や，実物や写真を使って説明したい子どもは，その準備もこの時間にすることを確認する。 フラットなところで集まることで，できるだけ自然な状態で話し合えるように場を設定する。また，iPadやホワイトボードなど子どもが自分で必要なものを選んで活動を進められるよう，子どもの活動を予想して準備物を用意する。
終末	**4．全員で話し合ったことを交流し，活動をふりかえる。** 2年生に質問できてお世話の大変さがわかったよ。 1年生のためにもヒメちゃんのためにも，これからはお世話のお手伝いに行こう！ 	今日の活動をふりかえるだけではなく，次に向けてやりたいことや，今の自分にできることを考えて，次の活動につながるようなふりかえりになるように進めるようにする。

❸ 実践のためのポイント

○2つの学年で共に話し合うことは，同じ経験からの思いを共有したり，新たな視点で考えた
りするきっかけとなったが，場の設定をどこまでを自由な選択にするか検討が必要である。

事例3

第5学年　LIFE～他者と出会い　自分を考える～

1 単元について

(1)単元の内容【自分自身を対象とする内容】

　高学年となり，他者の目に自分はどのように映っているのかが気になり始める段階である。そこで，「自分との対話」を大きな柱とし様々な考え方・生き方と出会いながら，自分との対話を繰り返すことで，自己肯定感の高まりをめざす単元を設定する。本単元は，国語科の学習をきっかけに始まり，身近にいる人からどんな影響を受けているのかを見つめ直し，共有することから始め，様々な考え方・生き方と出会う段階に進めた。こうした出会いを積み重ねることで，「自分」に対する見方・考え方が広がったり深まったり，多様性を認め合える子どもに育っていくのではないかと考える。また，そのことが，「苦手なことがある自分」など「どんな自分」も受け入れ，よりよい自分につなげていく力になるだろうと考えた。

(2)単元の目標

・よりよい生き方をするために，様々な考え方や生き方に触れながら，自分の考え方を広げたり深めたりするために，内察し続けることができる。　　　　　　　　　　【主体的実践力】

・自分とは異なる立場や環境にある人の見方・考え方を認め，自分と比べたり，関連づけたりして見方・考え方を広げたり，深めたりすることができる。　　　　　　　　　　【協働的実践力】

・様々な考え方・生き方との出会いを通して，「過去の自分」と「今の自分」に対して肯定的に意味や価値を見いだすことができる。　　　　　　　　　　　　　　　　　【創造的実践力】

(3)未来をそうぞうする子どもを育成するために

○小学校段階で様々な考え方や生き方をしている方々と出会うための場設定

　関わる社会や出会う人々は年齢が上がるとともに自然と広がるが，小学校という社会の中で出会うことのできる考え方や生き方は限られている。世の中には自分とは異なる立場や考え方があることに気づくことで，自分自身や友だちに対する見方・考え方が広がるきっかけとなり，何事も多角的・多面的に見て捉えなおすことにつながる。さらに，「自分自身」の好きなことや得意なことだけでなく，苦手なことや失敗経験も意味や価値づけすることができると考える。

○「過去の自分」や「今の自分」を客観的に見ることができるための場設定

　様々な考え方・生き方を持つ人との出会いから，考えたことや共感した言葉などを書き溜めたポートフォリオを用いて，「過去の自分」と「今の自分」を比較できるようにする。そこで，改めて自分自身の変容を客観的に捉えることができ，「これからのよりよい自分」につなげていくことができると考える。

② 授業の実際

目標 ○これまでに出会ったゲストティーチャーの話をふりかえり，自分の考えも交えて友だ
ちに発信することができる。　　　　　　　　　　　　　　　　　　【主体的実践力】

○これまでのゲストティーチャーの生き方・考え方を自分と比較したり，関連づけたり
して，自分の大事にしたい考え方・生き方に目を向けることができる。【創造的実践力】

	子どもの姿	教師の役割
導入	**1．今までの学習をふりかえる。** ゲストティーチャーの人は○○を経験して，考え方が変わったって言っていたな。友だちにも教えてあげたいな。 友だちはこれまでにどんな人の話を聴いたのだろう？　教えてほしいな。	これまでの**未来ノート**の記述を紹介したり，互いに紹介したりして，本時の活動内容を焦点化する。 
展開	**2．本時のめあてを確認する。** 　「これからの自分」が大切にしたい考え方は何だろう。 **3．自分が聴いたゲストティーチャーの話の中で取り入れたい考え方や共感した考え方を出し合う。** どんな「自分」も認めて，周りの人に話すってすごく勇気がいることだと思う。 自分と違う考え方に出会うことで，自分に対しても新しい発見があったかもしれない。 **4．ゲストティーチャーの話から学んだことを整理し，「これからの自分」とつなげて考える。** 悩んだ時に人に相談することはいいけれど，最終的には，自分で決めることが必要だね。 人にはそれぞれよさがある…それを互いに認めて居心地よく生きるって可能なのかな。	 「これからの自分」について考えることができるように，**ポートフォリオ**を用いて「これまでの自分」と「これからの自分」を比較できるようにする。
終末	**5．ふりかえり・未来タイム** これからも様々な立場の人と出会うことで，考え方って変わっていくだろうな。 毎日精一杯生きているから，「これから」って言われても正直，難しいな。	その時間のふりかえりにとどまらず「これからの自分」といった，先のことについても考えられるようにする。

③ 実践のためのポイント

○子どもの実態に合わせて，ゲストティーチャーを選んでいくことも大切だが，子どもから
「○○な考え方・生き方をしている人の話を聴きたい」と引き出し，授業展開にのせていく
こと，子ども自ら連絡をとり想いを伝える場を設けていくことが主体的実践力や協働的実践
力の育成によりつながっていく。

未来そうぞう科

国語科

社会科

算数科

理科

音楽科

図画工作科

家庭科

体育科

道徳科

外国語活動

事例4

第6学年

My Life → from now on →

1 単元について

(1)単元の内容【自分自身を対象とする内容】

　自分の長所や短所を分析した5年生の「自分発見」の学習から，本単元では，よりよい未来を想像して，今できることを考えて創造できる子どもの育成をめざして，学習を進めた。

　「なりたい自分」を想像するために，職業の疑似体験をしたり，様々な職種で働く方々をお招きして話を聞いたりしてきた。これらの学習のまとめとして，「過去の自分」と「今の自分」を見つめ，よりよい「未来の自分」の姿を想像して，これからの人生で大切にしたいことを考えたことをもとに「My Street」を作成する。「未来の自分」のために，どのようなことが必要か，どの成長過程でどのような姿になりたいかなど，論理的に未来を想像する。しかし，現実的には，自分が考えているように人生を送ることができないこともあるので，様々な観点で「未来の自分」を想像する。このようにして，様々な側面を持つ自分を肯定的に捉えて自分のよさを伸ばし，未来へと突き進んでいこうとする意欲を高めることができると考える。そして，今の自分を客観的に捉え，「どのような人になりたいのか」「どんな人生を歩みたいのか」という自分のことについて，見通しを持って考えられる子どもが育っていくと考える。

(2)単元の目標

・よりよい「未来の自分」の姿を想像するために，様々な人の生き方や考え方に触れながら，内察し続けることができる。　　　　　　　　　　　　　　　　　　　　　【主体的実践力】

・自分とは違う立場や環境にいる人の見方・考え方を自分と比べたり，関連づけたりして，「今の自分」の見方・考え方を広げたり，深めたりすることができる。　　　　　【協働的実践力】

・様々な人との出会いを通して，「過去の自分」と「今の自分」を肯定的に意味づけたり価値づけたりすることで，「未来の自分」の姿を描くことができる。　　　　　　　【創造的実践力】

(3)未来をそうぞうする子どもを育成するために

○「自分」や周りの人を肯定的に受け入れるためのカリキュラムづくり

　様々な方から話を聞くことで未来への見通しを持ち，「なりたい自分」を想像して「過去の自分」と「今の自分」を見つめたりすることで，様々な側面を持つ自分がかけがえのない存在であることを認識することできると考える。

○自分たちの未来の社会を想像し，課題を解決していく学習展開

　もしも○○だったらと想像したり，友だちが作成した「My Street」を体験することで，友だちが想像している人生や想像した社会を知ったりすることで，自分の未来の社会を想像する。

❷ 授業の実際

目標 ○前時に作成した「My Street」の違う道を考えることで，起こるであろうことを想像したり，「未来の姿」を価値づけたりして，「未来の自分」についての見方・考え方を広げることができる。　　　　　　　　　　　　　　　　　　　【創造的実践力】

未来そうぞう科

国語科

社会科

算数科

理科

音楽科

図画工作科

家庭科

体育科

道徳科

外国語活動

	子どもの姿	教師の役割
導入	**1. 今までの学習をふりかえる。** 「My Street」を作って，「なりたい自分」を考えることができた。　　友だちの「My Street」を見て「未来の姿」を広げることができた。	前時に作成した「My Street」をもとにふりかえり，本時の活動内容を焦点化する。
展開	**2. 様々な「未来の自分」の姿を想像して，「なりたい自分」の道を考える。** 　様々な「未来の自分」の姿を想像して，「My Street」の道を考えよう。 (1)「過去の自分」や「今の自分」を見つめて，「未来の自分」の姿を考えて，マスに起こるであろう出来事を書く。 もしも，○○で違うことが起こったらどうだろう。 未来の社会が○○になったらどうするだろう。 **3. 新たな道を作った「My Street」を友だちと交流する。** 友だちに意見を聞いて，違う視点に気づいた。	「未来の自分」の姿について，様々な観点から「今の自分」がどのようになるかを想像できるようにする。 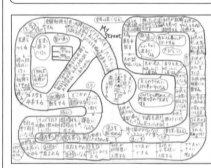 友だちと交流することで，「今の自分」の見方・考え方を広げることができるようにする。
終末	**4. 本時の学習をふりかえる。** 「未来の姿」を想像して，色々な見方や考え方を知ることができたな。	本時の学習をふりかえり，今後の活動の見通しを持てるようにする。

❸ 実践のためのポイント

○本単元では，自分の将来の人生の出来事を考えてマスに書いて「My Street」を作成していくことで，普段なら恥ずかしくて自分の好きなことや将来の夢などを語ることが苦手な子どもたちも，自分の未来を論理的に想像したり，「なりたい自分」を肯定的に考えたりできる。

○自分で未来の社会を想像したり，友だちの「My Street」のマスを進めていくことで，友だちの価値観を自分のものと比べ，「今の自分」の見方・考え方を広げたり深めたりできる。

第6学年 命のつながり～附小での学びを語り継ごう～

◼️ 単元について

(1)単元の内容【広く社会や自然を対象とする内容】

「社会」や「環境」について「自分事」と捉えて，それに対して自分たちにできることを「想像」し，よりよい未来の「創造」に向けて，SDGsの視点を踏まえてアプローチをすることができるよう，学びを紡いでいくようにした。6年生のC領域では，「命」を中軸に据えて，主に「自然と防災・未来の社会」「科学技術と未来の社会」「平和と未来の社会」の3つにテーマを絞り，自分たちが生きる世の中の事象について関連づけながら学びを進めていくようにした。C領域では，自ら調べて考え，友だちや実際に事象と関わっている人，実際の事物，そして自分自身との対話を通して，過去・現在の事象を捉え，「持続可能性」を探りながら，未来を「そうぞう」する実際の行動へとつなげていくように，学びを紡いでいった。その中で，これからの社会や自分自身の在り方を考える，深い学びにつなげていくようにした。

(2)単元の目標

・社会や環境が持つ課題について自分事と捉え，課題解決に向けて考え続けることができる。

【主体的実践力】

・自他の考えを尊重し，協調しながら，課題解決に取り組むことができる。　　【協働的実践力】

・よりよい未来に向けて思考してきたことを，見通しを持って実践することができる。

【創造的実践力】

(3)未来をそうぞうする子どもを育成するために

①大きな目的の達成に向けて，見通しを持って自分たちのグループに必要なことを選択しつつ活動できる場設定を行うことで，子どもたちの自己評価活動を促し，創造的実践力を育むことにつながる。

②パワーアップカードを6つの観点をもとに設定し，自己評価・他者評価に活用することが，創造的実践力の観点について子どもと共有することにつながる。

　3つのコースそれぞれが，「命」につながるよりよい未来の実現という大きな目的を持って活動している。この実現に向けて，「次どうしていくか」と未来に目を向けて考える中で，自分たちのグループにとって今何が必要であるかを考えてブースを選択したり，6つの観点が入ったパワーアップカードを活用して相互評価したりすることで，見通しを持ち，観点を共有でき創造的実践力を育むことにつながると考える。

2 授業の実際

目標 ○命について考えるための新たな視点を得たり，新たな意味や価値を見出したり，得た
ものを自分たちの活動に活かしたりすることができる　【創造的実践力】

	子どもの姿	教師の役割
導入	**1．めあてを確認する。** 模擬授業を通して，みんなに考えてもらいながら，自分たちの思いをわかりやすく伝えたいな。　　他の班の人たちは，「命」についてどんなことを考えているのかな。	最終的に「命」をテーマに調べて考え，まとめてきたことを，**下の学年の子たちに伝える活動を想定**していることを再確認するようにする。
展開	**よりよい未来の実現に向けて考えよう。** **2．2つの班の模擬授業を行い，他者評価をする。** (1)C班・D班の模擬授業を行う。（各15分） 友だち班で実際に授業をすることを思い描いてやってみよう。　　他の班の人たちは，「命」についてどんなことを考えているのかな。 (2)発表に対して質問や感想を伝え，評価シートに記入し他者評価をする。 授業について，他の友だちはどう感じたのだろう。聞いてみて，本番の授業に活かしたいな。　　なぜ▽▽と考えているのか，授業をした班の人たちに聞いてみたいな。	子どもたち自身で司会・進行し，対話活動を行わせるようにする。 **縦割り班（1〜5年生）の子たちに伝える活動につながることを意識**しながら，模擬授業をしたり受けたりすることができるように確認し，支援するようにする。 
終末	**3．本時をふりかえり，以降の活動をイメージする。** 他の班の発表の◇◇の部分を，自分たちの授業にも活かせそうだな。　　同じ小学校で過ごしてきたのに，みんな色んな視点を持っているのだと思ったよ。	本時までの活動をふりかえり，以降の活動を意識できるように支援する。次時には縦割り班で各班の6年生が授業を行うようにする。 

3 実践のためのポイント

○教科の壁をこえて，教科横断的にIB教育やSDGsの視点を踏まえて，オーセンティックな
学び構築していくことで，子どもたちなりの「見方・考え方」が育まれていくものと考えら
れる。学び方や調べる方法，まとめる内容，伝え方など，できる限り子どもたちに価値判
断・意思決定させ，実践につなげていくことで，子どもたちの学びをより広く，より深いも
のにすることができるものと考えられる。C領域では，校内だけでなく，地域の人たちにま
で学びを還元する姿が見られた。

全 友だちタイム 「平野ギネスへの挑戦！」
学年

1 単元について

(1)単元の内容【集団や人間関係を対象とする内容】

　本単元では，これまでの友だちタイムで仲間関係を築いてきたからこそできる「みんなで挑戦したいこと」を自分たちで考え，それを「平野ギネスへの挑戦」として取り組んでいく。本単元でいう「平野ギネス」は競争してナンバーワンをめざすことを目的とするものとはしない。楽しくかつ独創的な活動を行う中で自分たちの可能性を情熱を持って追求できるような，オンリーワンの活動をめざすことができるようにしたい。どの子どもも情熱を持って追求できるようにするためには，全員が共通の目的を持っていることが必要となる。そのために，まず，班のメンバーで何に挑戦するのかを話し合い，共通の目的を全員で設定する。

　活動そのものを考える時は，「目的意識」を大事にする。活動内容を考える時は，全学年の児童が取り組めるように，「選択性」「多様性」「安全性」「空間的自由」「時間的自由」「操作的自由」の観点を持って取り組んでいく。

(2)単元の目標

【創造的実践力】
〔高〕自分が所属する集団での課題解決を通して，多様な集団の中で活動することへの意味や価値を見出すことができる。
〔中〕自分が所属する集団における課題解決を通して，自分の役割にやりがいを持つことができる。
〔低〕自分が所属する集団における課題解決を通して，人と関わることへの楽しさを見つけることができる。

【主体的実践力】	【協働的実践力】
〔高〕自律的に判断しながら，方向付けて活動することができる。	〔高〕自分の役割を理解して，他者の思いやねがいを受けとめたり共感したりすることができる。
〔中〕集団の関係や活動内容がよりよくなるように意見を出しながら楽しんで活動に参加することができる。	〔中〕他者の思いやねがいを大切にして，協力することができる。
〔低〕楽しんで活動に参加することができる。	〔低〕他者の意見を聞いて，仲良くすることができる。

(3)未来をそうぞうする子どもを育成するために

○教師が子どもの姿や行動を価値づけて子どもたちに伝えることを積み重ねることで，子どもたちの「自分たちの姿や行動を価値づける力」を育むことにつながる。

② 授業の実際

目標　○前時までの活動をふりかえることを通して，平野ギネス挑戦のルールを見直し，再挑
戦する活動を一緒にすることで，活動の意味を見出したり活動を価値づけたりするこ
とができる。材料を使って，共に活動を楽しむ。　　　　　　　　【協働的実践力】

低学年	楽しみながら，活動に前向きに取り組めるよう，自分なりの思いを持つことができる。
中学年	自分自身が楽しみながら，活動がよりよくなるように，自らの役割を考え行動できる。
高学年	他学年の友だちの思いを受け止め，活動がよりよくなるように自分で判断し行動できる。

	子どもの姿	教師の役割
導入	1. 前時の学習を想起する。 ルールを決めてする方が記録になりそう。　どんな積み方をしたらいいのかな。	前時の学習活動を共有するために，写真や動画を提示する。 子どもが進められるように，6年生が進行できるよう配慮する。
展開	2. 本時のめあてを決め，共有する。 **ルールを見直して，平野ギネスに挑戦しよう。** (1)小グループで活動をする。  高く積み上げるには，丁寧においていこうよ。 崩れてももう一度やってみよう。　低いところは1年生にしてもらおう。	小グループが安全に取り組めているかを確認する。 **価値づける場面の写真や動画を撮っておく。** 
終末	3. 本時の学習をふりかえる。 他のグループが積んでいるのを見てすごいと思ったな。　次の時間は，全員でやってみたいな。 	本時の活動の中で，価値づけたい姿を視覚化するため，提示する。

③ 実践のためのポイント

○子どもの選択性，多様性の幅が広がるので，紙コップはできるだけ大量に用意する。
○価値づけたい姿を，教師が写真や動画で撮り，全体で共有する場を設定すること。

●教育の「新しい風」よ，平野から　　佐久間敦史（大阪教育大学教職教育研究センター准教授）

「食×グローバル×衝撃～めざせ究極のエシカルメニュー，エシ１グランプリ！」は，2018年度，文部科学省研究指定校である大阪府内公立小学校での，総合的な学習の実践（５年生）である。2008年の学習指導要領に例示された「持続可能な社会の実現にかかわる課題」は，引き続き，持続可能な世界を実現するための2030年までの国際目標SDGsとして，総合的な学習の主要な課題となっている。その目標（12番）の達成にとって，「エシカル」や「エシカル消費」は重要である。また，「Action～現代を生きるためにさけてはならない問題～AI 時代を想像しよう！」は６年生の実践だが，2020年度から算数・理科で実施される「プログラミング学習」に対し，Society5.0に向け，「人間の強み」「人間らしさ」「人間にしかできないこと」「人間としてどのように暮らしていけばいいのか」について，議論するものだった。

さて，「未来そうぞう科」は，こうした2008年，2017年の学習指導要領や上のような研究実践を踏まえ，2030年から実施する新教科を「想像」し，「創造」する研究開発だった。この研究開発に関わった平野小学校教員の多くは，来たる時代には，大阪府内公立小学校で，自分たちが開発した「未来そうぞう科」を軸とした，新しい教育のカリキュラム・デザイン，カリキュラム・マネジメントの中心的な役割を担っていることだろう。今期の探究型学習の重視からさらに発展したAuthentic な学びの中心教科として，「未来そうぞう科」が，教育の「新しい風」となることを期待している。

● Imagination による「飛躍」が見られた／見込めた場面

金光靖樹（大阪教育大学教授）

これまで３年間の未来そうぞう科の実践の中で，Imagination による「飛躍」が見られた，もしくは見込めた場面について取り上げてみたい。

まず一つ目は，「自分発見」の単元で，実はこの「自分発見」，字義通りに解釈するとナンセンスになる。発見は今まで見たことのないものを見つけた時に用いる言葉だが，自分が今までに見たことのないものであるはずがない。したがって，この「発見」はメタファー以外の何物でもない。そこで授業者が「『自分発見』っておかしくない？」，「矛盾してない？」と問い，今まで気づかなかった自分の中の部分や要素に初めて気づいたり，気づかせてあげたりしなければ，「発見」という表現に値しないことを意識してようやく授業は機能し始めた。メタファーの解釈は想像力のあらわれの典型であり，「飛躍」がはっきりと見とれた。

もう一つは見込めた例だが，ミニチュアホースの飼育を始める際に，飼育のための知識や協力体制についての話し合いが行われたが，これらに Imagination は要しない。ここでミニチュアホースの寿命が20数年に及ぶことを知ったとして，「附属高校に進学しても会えるね」「いや，子どもが入学してもまだいるかも」などと想像すれば，飼育への意欲はさらに高まるだろう。一見関係ない寿命が意欲に関わるところ想像力の妙味があるのだ。意欲があれば creation は自ずとついてくるだろう。

3章

教科・領域編

国語科

1 未来をそうぞうする子どもを育むための「学びの言語の習得と活用」

■1 国語科における未来そうぞう

⑴めざす子ども像

本校国語科では，めざす子ども像を「主体的な表現者*1」とし，言語における認知・伝達・思考・創造といった機能を，自分の中であるいは，他者との協働的な学びの中で働かせ，自分なりに価値づけをし，表現（選択・工夫，吟味・運用）できる子どもの育成をめざしている。

⑵国語科がになう３つの実践力

「未来をそうぞうする子ども」を育むためには，３つの資質・能力の育成が必要である。本年度は，説明するという言語活動に焦点をあてて研究を進めている。物や過程などを対象とし，その対象を子ども自らの力で認識し，再現性をもって説明をする。そのプロセスの中で，「主体的な表現者」の育成をめざすこととした。

人が他者に説明を行う際，まず，人は対象を色や形といった視点から認識をする。その後自分の中で認識した情報を取捨選択し，他者への伝達が行われる。他者に向けて再現性のある伝達を行うためには，対象をより正確に認識する必要がある。その認識という点において，言葉が重要な役割を果たすと考える。また，対象を，言葉を介して個人の中で認識し，他者に伝達する時，その中で「うまく伝わらない」といった課題がうまれる場を構成した時，対象をより見直す必要がでてくる。この時，個人は正確な伝達を行うために，対象を「再認識（本年度，この再認識を国語科では「捉えなおし」とよぶ）」し，より正確な伝達を行うために言葉の「再構成（本年度，この再認識を国語科では「ねりなおし」とよぶ）」を行うと考えられる。このような「再認識」と「再構成」を行う活動を子どもの学びに取り入れることで，「認識」と「伝達」のプロセスがより往還し，主体的な表現者に近づけると考える。

この国語科における主体的な表現者を育む学びのプロセスは，言い換えれば「探究的に自分の言葉を捉えなおし・ねりなおし，より再現的に相手に伝えようとすること」であり，それは，総論における「想像と創造」の往還と酷似しており，「よりよい表現者としての姿を求め想像し，その姿に近づけるよう，表現をくりかえし創造していく」という往還を行うことは，主体的な表現者を育てるのに有用である。

国語科において３つの実践力を発揮している姿は以下のように考える。

主体的実践力…自身の表現を積極的によりよくしようとする姿
協働的実践力…多様な集団の中で，相手の立場になって言葉を表現しようとする姿
創造的実践力…言葉を使うことに，意味・価値を見出そうとする姿

❷ 国語科における未来そうぞうの授業づくり

　対象を正確に認識するための手立てとして，「学びの言語*2」の思考のレール*3が役立つと考えた。本校では，過去に学びの言語の研究を進めていた。「学びの言語」は，思考のレールとなり得る教育言語であり，「説明する」や「報告する」など，それぞれ決まった流れの動詞である。「学びの言語」を使うことを繰り返すことは，「伝達」を行う時に有用であるが，その思考のレールは対象を「認識」する時にも有用であると考える。「学びの言語」は，感情や価値づけをおさえて，事実を正確に相手に伝える必要があり，自分の思いを活き活きと書くものではない。また，「説明する」などの動詞は一般的に使用されているが，その決まった流れ（手順）は曖昧なことが多い。そこで，本年度は，「説明する」の動詞を見直し，その思考のレールを再確認し，対象の認識や想像を広げることに役立てていく。その際，「説明する」対象によって必要な「観点（要素）」についても，明らかにしていく。また，正確に説明するためには，相手を応じた説明の工夫が必要になり，相手意識を持つ必要がある。そのために，国語科における学びをプロセスが行われる場を設定し，カリキュラムを作成していく。

　カリキュラムを作るにあたり，「説明する」には，①再現性，②解説，③評価の3つの段階があると考え，カリキュラムを作成する。特に本年度は①の再現性を持った説明を重視しているので，「学びの言語」が活用できると考える。

　カリキュラムを考える時には，上記の3つの実践力が発揮される場を設定するようにする。

---

*1 「主体的な表現者」…自己の思いや考えを自己の内外に向かって表す時，より的確にかつ効果的に伝えるために自らの表現を自らが意図的に選択・工夫できる，また用いた表現の効果を考えながら吟味・運用できる表現者のこと。

*2 「学びの言語」…国語科や他教科，やがては社会生活において，思考のレールとなり得る教育言語のこと。小学校での国語科の学習にとどまらず，様々な教科の中で，また将来的に社会においても必要とされる文章の形式や動詞を指すものである。「説明する」「報告する」などがあげられる。

*3 「思考のレール」…一定の順序性を持って対象を捉えたり，他者に伝えたりすること。「説明する」の「もの」を対象とした時は，「つくり」「はたらき」「意味づけ」の順番で対象を捉える，など。本年度は他者への「伝えかた」だけでなく，対象を認識する時にも活用する。

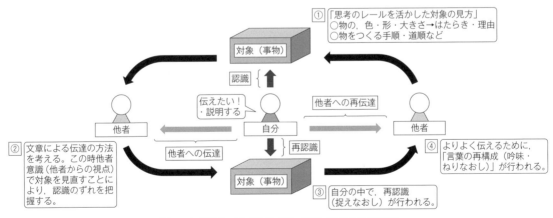

図1　国語科における学びのプロセスの全体構想図

第1学年

つたえたい　ようちえんの　おともだち
〜小学校のせつめい文〜

1 単元について

⑴単元の内容

　3学期，全国の1年生たちは小学校での初めての進学を前にする。これからできる「はじめての後輩」に胸をわくわくさせ，「後輩のために自分にできることはないかな」と，温かい気持ちを持つであろう。本学級の子どもたちも同様であり，10年後の未来においても「初めての期待感と，後輩に何かを伝えたい」という，子どもたちの温かさは不変のものであってほしい。

　そこで，本単元では表現する相手を「幼稚園の友だち」，言語化する対象を「学校の各部屋（運動場）」とし，「説明する」，文章を書く。子どもたちに，まずは「もうすぐ迫る新2年生として『学校を説明する文章』を幼稚園の友だちに贈ろう」と提案する。子どもたちは今までに「対象（もの）を説明する」という活動において，❶まずは「つくり」として「色や形，何があるのか」ということを伝え，そこから派生する「はたらき」として「できること」を伝えるということを「いろいろなふね」（東京書籍1年下）で，❷正しく伝えるためには，人によって異なる「感じ方」は入れないということを「せつめいクイズ」（2学期実践事例）で，学習している。既習事項であるこの❶❷の知識・技能を生かし，様々な学校の説明文を書くこととした。

⑵単元の目標

・「説明する」という言葉の働きに気づきはじめることができる。（言葉の働き）　【知識・技能】
・相手意識を持ち，「説明する」の特徴を捉えた文章が書ける。（書くこと）　【思考・判断・表現】
・文章を書くことを楽しみ，説明することのよさを感じようとしている。【主体的に学習に取り組む態度】

⑶未来をそうぞうする子どもを育成するために

○書く相手を「想像」し，文章を「創造」することの往還による協働的実践力の高まり

　1・2学期から，未来そうぞう科B（幼小交流）と国語科のカリキュラムを計画的に組み，子どもたちが具体的に相手をイメージできるよう手立てを行った。これにより，本来相手・目的意識を持ち文章を書くのが難しい1年生でも，協働的実践力への高まりが見られる。

○創造的実践力を高めるためのレジリエンス

　今回，子どもたちに一度，「今まで書いてきた文章が相手にとって満足のいくものではなかった」という表現の見直しを行わなければいけない場面を設定している。相手のことを捉えなおし，情報を再選択，相手のためにあきらめずに表現を続けていく中で，自身が表現することへの意味や価値を見出す姿（創造的実践力を発揮する姿）を生み出していく。

❷ 授業の実際

目標 ○幼稚園の友だちにとって，どのような題材(学校の場所)を説明することがよりよいのかを想像し，南運動場のつくり・はたらきをメモすることができる。(書くこと)

【思考・判断・表現】

	子どもの姿	教師の役割
導入	**1．本時のめあてを考え，学習の見通しを持つ。** ぼくたちの説明文よろこんでもらえなかったね。 ／ わたしたちの書きかたが悪かったのかな。 選んだ場所（PTAルーム・国語研究室等）は，幼稚園の子が知りたいことだった？	前時の終末を想起させ，自身の本時でのめあてを持たせ，それを黒板に自由に書く場を設定する。
展開	**2．全体でのめあてを確認し，相手のことを想像しながら活動を行う。** **ようちえんのおともだちになりきりどこについて，にゅうがくまえにしりたかったかをそうぞうしよう。** (1)自分の体験と結びつけ，想像する。 ぼくはどんな遊具があるか知りたかったな。 ／ 自分たちが勉強する教室かな。 (2)実際に運動場に行き幼稚園の子どもが知りたそうなものの「つくり」「はたらき」を調べる。 運動場にはジャングルジムがあるよ。【つくり】 ／ 橋があって【つくり】じゃんけんができるよ。【はたらき】	個人のめあてから，本時の全体のめあてを見出す。  自分の体験を踏まえ，幼稚園の子が知りたいと思うこと・知っておいたほうがいいこと，という観点で情報を精選させる。 想像したことを確かめるため，具体的に活動にのぞめる場を設定する。 
終末	**3．学習をふりかえり，次時の見通しを持つ。** 幼稚園の お友だちのことを想像したら，書くことが決まってきたよ。次はどう伝えるか考えたいな。	本時の学習を子どもの国語感想からまとめ，次時のめあてとなる「見通し」まで持たせる。

❸ 実践のためのポイント

○「言葉」を学びの対象とする国語を通して，未来をそうぞうする子どもを育むためには相手意識・目的意識を持って活動に取り組ませることが重要である。1年生という入門期において「相手に伝えることができた」という成功体験を積み重ねさせ，6年間で「言葉を通して自他を見つめる」ことへの意味や価値を見出せる子どもを育むことができる。

未来そうぞう科

国語科

社会科

算数科

理科

音楽科

図画工作科

家庭科

体育科

道徳科

外国語活動

事例2

第3学年

○○について紹介しよう2 ～パンの作り方紹介！～

1 単元について

(1)単元の内容

　本単元では「順序の説明文」を書く活動を行う。本学級では「オリジナルパン」を作ろう！という活動を行っており，3年生は各クラスで「マイパン屋」があり，それぞれのお店を紹介する活動を行っている。2学期には，「たてものの説明文」を書き，自分たちが売るお店に対して愛着を持つことができた。今は，パン屋さんや，そこで売っているパンについて「もっと知ってもらいたい」という思いを持っている。そこで，前回お世話になったパン屋さんに，パンの作り方を聞き，「フランスパンの作り方」の説明文を書く活動を行う。今回は「作り方」の説明文を書き，それをパン屋さんに見てもらって，意見をもらう。意見をもらうことにより，改めて対象を「捉えなおし」伝え方の「吟味・ねりなおし」をする。このような国語科における学びのプロセスを行うことにより，「説明する」時に必要なルーティーンの獲得に役立ち，受取手に合わせた説明文を書くことができるようになっていく。

　「他者への伝達」をする活動を通して，他人の意見に耳を傾け，「説明する」という「学びの言語」を充実させ，今後の学習に活かしてもらいたい。

(2)単元の目標

・「説明する」の「学びの言語」に必要な手順を知り，使うことができる。　　　　【知識・技能】

・「作り方」など，説明する対象を意識して，「学びの言語」を活かして説明文を書くことができる。(書くこと)　　　　　　　　　　　　　　　　　　　　　　　　　　　【思考・判断・表現】

・対象に合わせた説明文を書こうとし，友だちの書いた文章を聞こうとしている。

【主体的に学習に取り組む態度】

・お店の人やお客さんの立場に立って，言葉を工夫し，表現しようとする姿　　　【協働的実践力】

(3)未来をそうぞうする子どもを育成するために

○しかけ…「再認識・再伝達」の活動の充実を図るために，パン屋さんと交流を行う

　再現性のある文章をつくるためには，他者への伝達といった行為は不可欠である。他者に伝達する活動を行う過程において協働的実践力が発揮される。対象を再認識する際に「もう一度言葉を考えなおそう（ねりなおそう）」として，主体性が発揮される。そして，対象の認識が正確にできているかを確かめるためには，他者への伝達を行って確かめる必要がある。

　そこで，「パンを作る時に，作り方を他人へ伝える」といった活動を行うことにより，「もう一度見てみたい（捉えなおし）」，「文章を書き直す必要がある（ねりなおし）」の活動を充実させることができると考える。

2 授業の実際

目標 ○お店の人から意見をもらい，対象を意識して，「学びの言語」を活かして自分の書いた説明文を再構成することができる。（書くこと）　【思考・判断・表現】

	子どもの姿	教師の役割
導入	**1．前時までに行った活動を復習する。** フランスパンの作り方を教えてもらったよ。／自分たちの書いた説明文が伝わるかどうか聞いてもらいたいな。	前時までに書いた説明文を確め，お店の人に聞いてもらうことを確認させる。
展開	┌──────────────────────┐ アドバイスをもらって（ビデオ），自分の説明文を見つめ直そう！ └──────────────────────┘ **2．自分の書いた説明文を見直す。** 作り方のどこを説明すれば，伝わりやすくなるかの意見をもらおう。／お客さんに伝わるように，パンの写真を選ぼう。	説明の書き方を確め，使える写真の枚数が決まっていたことを確認させる。
	3．ビデオを見て，グループや全体で自分の書いた説明文について交流をする。 おいしくするための工夫も説明に入れるといいな。   写真の枚数も考え直したほうが，伝わるかもしれないな。	書き方と伝え方の両方のビデオを用意し，自分の書いた説明文の捉えなおしや，ねりなおしをさせる。 お店の人だけでなく，お客さんなど色々な人がわかる説明文にするために，訂正していくことを確認させる。
終末	**4．本時のまとめとして，感想を伝え合う。** ・もう一度説明文を見直そう。 ・お客さんに伝わる文章にしたいな。 	必要があれば，もう一度パンを作っている写真などを再確認できることを伝える。

3 実践のためのポイント

○自分たちの書いた説明文をパン屋さんに見てもらい，「よいところ」と「改善点」をビデオにして子どもに見せることにより，説明文の「ねりなおし」が行われる。

事例3

第4学年　くらべて説明!!〜保健室をリフォームするなら!?〜

1 単元について

(1)単元の内容

　本単元では，「説明する」，および「解説する」という「学びの言語」を意識し，2つの対象の細かな「つくり」や「はたらき」を見つけて比べ，2つの対象がどのようなものなのかをより明らかにして自分たちで意味づける解説文を書くことに挑戦した。

　「解説する」とは，相手に対して，再現性を重視し，感情を抑えて物や過程を「説明する」だけでなく，事実と事実を関係づけて，それに対して見出した意味や価値を加えて伝えることである。「くらしの中の和と洋」（東京書籍　4年下）を「和室」と「洋室」について整理して読み取ることで，2つの対象 を「解説する」説明的文章に触れることができた。そこで，子どもたちの日常生活と関わり，課題意識を持って取り組めるように，本校の保健室が部分的に和室のつくりであることを取り上げ，保健室は和室らしい部屋がいいのか洋室らしい部屋がいいのかを子どもたちに問いかけた。4人1組で9つの班に分かれて「解説文」を作成した。

(2)単元の目標

・書こうとしたことが，明確になっているか，相手が興味を持てるかに着目し，書かれた「解説文」に対して感想や意見を持ち，伝えることができる。　　　　　　　　　　　　　【思考・判断・表現】

・これまでに学んだ「学びの言語」を活かして，よりよい説明的文章となるように，対象を捉え意味を見出すことに興味を持つことができる。　　　　　　　　　　【主体的に学習に取り組む態度】

(3)未来をそうぞうする子どもを育成するために

○想像と創造の往還を踏まえた「捉えなおし」と「ねりなおし」

　解説文を書いた後，副校長先生からメッセージをもらい，より「解説する」に意識した説明的文章に書き直そうとする場面を設定する。これは，「捉えなおし」（再認識）と「ねりなおし」（再構成）の場面であり，主体的な表現者として学びを深めていく「想像と創造」の往還の学習プロセスと重なっている。また，校長先生に相手意識を持つこと，自分だけではなく班で相談しながら書き進めることには，他者と関わる協働的実践力が多分に発揮されることを期待した。

○「学びの言語の習得と活用」における協働的実践力の発揮

　「解説する」における相手意識に重要なのは，相手の既有知識を超えた「つくり」や「はたらき」，「意味づけ」を見出し，好奇心を見積もりながら表現することにある。「説明する」で重要視した再現性だけではない，「解説する」ことが含む新たな相手意識の持ち方ができるよう，「説明する」に加えて，より「解説する」を意識した説明的文章の作成をめざした。

② 授業の実際

目標 ○書こうとしたことが，明確になっているか，相手が興味を持てるかに着目し，書かれた「解説文」に対して感想や意見を持ち，伝えることができる。　【思考・判断・表現】

	子どもの姿	教師の役割
導入	1．書き直した解説文を並べて，本時のめあてと見通しを持つ。 ［みんなどんなヒミツを見つけたのかな？］　［校長先生がうなるような解説文はあるかな？］	もっと細かい「つくり」と「はたらき」を見つけて，そこからよさや考えたこと，伝えたい相手が校長先生であることを話しながら確認する。
展開	2．順番に「解説文」を発表する。 **みんなの「ヒミツの解説文」** **校長先生もおもしろがれるのはどーれだ！** (1)気づいたことや疑問を交流する。 ［すごい。ソファーの足の長さまでは，気づかなかった。］　［班の見つけた洋室のよさには，気づかなかったなあ。］ (2)興味の持てる「解説文」はどれか交流する。 ［ここまでの「つくり」や「はたらき」は知らないよね。］　［この班のよさは保健室の先生や子どものことを考えているよね。］	見返しやすいように「つくり」，「はたらき」，「意味づけ」と分けて整理して板書していく。 リフォームをするという目的で，校長先生（相手）にとって参考になる「解説文」であるか，というところから逸れないで注意できるように声かけをする。 本時の学習の気づきをまとめ，「解説する」ことについて考えたことを書きとめておくよう声をかける。
終末	3．本時をふりかえる。 ［まだ伝わりにくいところがあるからもう少し書き直したいな。］　［和室と洋室以外のことでも，「解説文」を書きたいな。］	

③ 実践のためのポイント

○本時までに，洋室の保健室が実際には学校にないので，洋室の保健室の写真や，ベッドなどのミニチュアの観察，椅子に座って手当をするシュミレーションなど，子どもたちが想像力を働かせて，「解説文」を書けるような手立てを行った。

○本時で気づいたことや疑問を交流する際に，それぞれの班の「解説文」を集中して読みこみ，発言がしやすいように，3つのグループに分けて行った。グループの中で大きく話題に上がったことを，全体の場でも伝えながら，次の交流につなげるよう配慮した。

2 価値判断・意思決定しながら未来を思考する力を育む社会科授業

1 社会科における未来そうぞう

(1)めざす子ども像

本校社会科のめざすべき子ども像は「実社会とつながり，問題意識を持ち続ける子ども」である。問題意識を持ち続ける子どもの姿は，「自らの問いを繰り返し持ち続け，自らの思いやねがいを持って学び続ける姿」である。今年度は，めざす子ども像を念頭に置き，社会的な見方・考え方をもとに価値判断・意思決定しながら，過去や現在，そして未来を思考する単元づくりとその評価について研究を進めていく。社会科学習は，過去や現在の対象について俯瞰して多面的に見つめ，価値判断・意思決定しながら，未来を思考することでこそ，その意味が増大するものと考える。

(2)社会科がになう３つの実践力

対象について価値判断・意思決定するためには，社会的な見方・考え方を働かせる必要がある。学習指導要領には，「社会的事象の意味や意義，特色や相互の関連を考えたり，社会にみられる課題を把握して，その解決に向けて社会への関わり方を選択・判断したりする際の視点や方法」であると整理されている。このことを踏まえて，社会的な見方・考え方を働かせ，価値判断・意思決定し続け，未来を思考する社会科学習において，以下のような３つの実践力を発揮する子どもを育んでいきたい。

〈３つの実践力を発揮する子どもの姿〉

主体的実践力	見通しを持って，対象について，進んで調べたり，考えたり，価値判断・意思決定したりしながら，学びを広げたり深めたりし続けることができる子ども
協働的実践力	それぞれが価値判断・意思決定したことをもとに，対話を通して，友だちと協働し，社会的事象についてより多角的・多面的で高次の思考をすることができる子ども
創造的実践力	過去・現在の対象について多角的・多面的に調べて考え，価値判断・意思決定し，よりよい未来や社会を想像したことをもとに，よりよい未来や社会の在り方を創造（表現・実践）することができる子ども

上記の３つの実践力が育まれていく過程で想定されるのが，子どもたちが教科の垣根をこえて，より広い視野で学びを進めようとする姿である。社会科の独自性を活かしつつ，IB（国際バカロレア）教育の視点も踏まえながら，社会科学習を考えていくことも重要である。

2 社会科における未来そうぞうの授業づくり

(1)価値判断・意思決定しながら，未来を思考する単元づくり

価値判断・意思決定をするベースとなる社会的な見方・考え方が働くには，扱う社会的事象

について，様々な視点・立場から，多面的に見つめていく場を設定する必要がある。従って，社会科授業では，問いを持ち，①資料との対話を通して調べて考える場，②実物との対話を通して調べて考える場，③他者との対話を通して調べて考える場を，各単元においてバランスよく配置するものとする。そこに，価値判断・意思決定の場を継続して取り入れることで，よりアクティブな学びの中で多面的思考から社会認識を深め，価値判断・意思決定し，④より高次の思考する場へと学びを進めるようにする。教師はその時々の子どもたちの思考の様子やその変容を，「座席表」を活用して見取り，学習展開の構想に活かすものとする。また，社会（地域・国家・世界レベル，過去・現在・未来の時間軸）の様子を捉えると同時に，その社会と自分の関わり方についても，未来そうぞう科や他教科との関連の中で考えていくことができるようにする。

(2) 3つの実践力を発揮できる授業づくり

主体的実践力・協働的実践力・創造的実践力を育んでいくために，社会科授業における学びについて，以下のように整理し，学びを紡いでいけるようにするものとする。

主体的実践力	〈子どもの思いやねがいを意識した単元展開〉 ●子どもの問いから学習内容を組み立てる。 ●学び方も子どもたちの思いやねがいを念頭に置いて学習内容を組み立てる。 ●価値判断・意思決定を継続して行うことを意識して単元展開を組み立てる。
協働的実践力	〈対話を意識した単元展開〉 ●学級や学年の子ども同士で対話する。 ●資料と対話する。 ●社会的事象に直接関わる人たちと対話する。 〈対話の場面から価値判断・意思決定の場面へ〉 ●社会的事象を取り巻く状況を俯瞰して，様々な視点・立場から多面的・多角的に見つめ，価値判断・意思決定する場を設定する。
創造的実践力	〈価値判断・意思決定し続け，過去─現在─未来をつなぐ単元展開〉 ●過去や現在の社会的事象について多面的に考え，価値判断・意思決定し，よりよい未来や社会の在り方を思考する場を設定する。 ●未来そうぞう科・家庭科・理科などとの教科横断的な学びを想定する。 ●学校内にとどまらず，アウトプットする場を設定する。

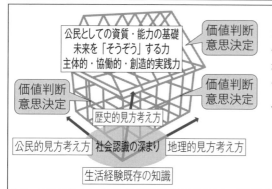

よりよい未来を「そうぞう」しようとする時，私たちは必ず，自分なりの「見方・考え方」をもとに，価値判断・意思決定をして実践・行動に移している。社会科学習においては，この価値判断・意思決定をする場を設定しながら学習を進めていくことで，公民的資質，未来を「そうぞう」する力を養っていくことが重要である。その際，教科の枠をこえた学びを想定しておく必要があることは言うまでもない。

社会科　全体構想図

事例1

第4学年

タイムスリップ～大和川をめぐる過去から未来への命のバトン～

1 単元について

(1)単元の内容

　子どもたちは，今まで水道局やごみ焼却工場，大阪府の産業について，それらが自分たちの生活を支えてくれていることを，資料やICT活用，体験的な学習をしながら調べ，社会的意味を追求する中で学びを深めてきた。

　本単元では社会科や理科，未来そうぞう科の教科横断的な学習を計画し，子どもたちにとって必然性のある学びを展開したい。昨年は異常気象により，集中豪雨によって川の氾濫や土石流など各地において見られ，社会問題となった。本校の近くにも「大和川」が流れ，大雨がある度に災害にあってきた歴史がある。そこで，地域の河川を題材に単元開発を進める。

(2)単元の目標

・過去の人々の洪水に苦しむ思いや，大和川の付け替えに苦心したこと，付け替え工事に尽力したこと，付け替え後の新たな問題について，調査をしたり，資料を活用したりして，大阪の発展に尽くした先人の苦心や努力を調べ，価値判断・意思決定しながら理解することができるようにする。　　　　　　　　　　　　　　　　　　　　　　　　　　　　【知識・技能】

・大和川に関する諸問題を多角的・多面的に捉え，よりよい未来に向けて諸問題を解決する方法を考えたり，考えたことを他者に発信したりし続けることができる。　　【思考・判断・表現】

・地域の開発や発展に尽くした先人に関心を持ち，それらの先人の具体的な業績を意欲的に調べ，誇りと愛情を持って地域の社会を見つめる態度を育むことができる。

　　　　　　　　　　　　　　　　　　　　　　　　　　　　　　　【主体的に学習に取り組む姿】

(3)未来をそうぞうする子どもを育成するために

○教科横断的な学習に未来そうぞう科の評価の視点を用いることで創造的実践力の育成につながる

　社会や自然に目を向けた時，その枠組みを指導者側が理科として捉えた場合，子どもにとって必然性のある学びに各学年の既有の学習内容，理科のねらいなどの視点で制約がかけられてしまい，本校がめざす3つの資質・能力を育みにくい。教科の枠に留まらずに学習内容を編成し直し，未来そうぞう科の評価の視点を用いることで，創造的実践力の育成につながると考える。

○対話を意識した単元展開や場面を設定することで協働的実践力を高める

　子どもたちが社会的事象をより深く理解したり，考察・構想したりするには，子ども同士の対話，資料との対話，その事象に関わる人たちとの対話を単元展開に組み込み，多角的・多面的

に物事を捉え価値判断・意思決定できるように教師が発問を工夫し，協働的実践力を高める。

❷ 授業の実際

目標　○大和川の付け替えの計画に対して賛成意見と反対意見を唱えたそれぞれの村や立場の
　　　　意見の内容を資料から調べ，対話を通して当時の人々の流町の住人として価値判断・
　　　　意思決定しながら，付け替えに対する人々の思いについて多角的に考えることができる。

【思考・判断・表現】

	子どもの姿	教師の役割
導入	**1．前時までの学習をふりかえる。** 大和川の付け替に関わっている人には様々な立場の人がいることを学んできた。　｜　大阪の土地の様子から，模型をつくって，川を再現した。	前時までのノートや資料をふりかえる展開をもとに，大和川の付け替えの計画には様々な立場の人々や地理的な場所から考えられる立場もあったことを想起する。
展開	**2．本時のめあての確認と対話活動** **流町の住人にとって大和川の付け替は本当に必要だったのか？** (1)調べた資料をもとに，ペア・全体で共有しながら話し合う。  作物への影響や洪水の回数が減る，など。〈賛成派〉 自分の土地や田畑がなくなる，など。〈反対派〉 (2)グループ・全体で話し合う。 	調べる視点を大阪北部（旧大和川筋）と南部（新大和川筋）の2つにし，人との相互関係や地理的な見方から賛成，反対の意見をふりかえられるように助言する。 流町の住民の立場に立って，賛成か反対かを全体で共有しながら，価値判断・意思決定する。 友だちの考えを聞いて，価値判断の状態が変わってきた場合，ネームプレートの位置を変え，価値判断が変わった理由を共有する。
終末	**3．ふりかえりをする。** どの立場の人も自分たちの生活をよくしようと考えていた。　｜　大和川付け替の計画からどのように工事の実施に至ったのだろう。	次時，問いが次時へつながるように，本時学んだことを活かしながら，ふりかえられるよう助言する。

❸ 実践のためのポイント

○地域の開発や発展に尽くした先人の単元を扱う場合には，子どもにとって時間的なギャップ
があり，果たした業績を真に理解することが難しい。そこで，現代に生きる自分ではどのよ
うに考えるか，現代の自分の地域ではどのように社会的事象を捉えるのかを価値判断・意思
決定する場面を設けることで問題を自分のこととして考えられるようにする。

第6学年 核利用は世の中を "豊か" にするのか

1 単元について

(1)単元の内容

　子ども達は，歴史単元（「1　大昔のくらしと国の統一」～「10　新しい日本へのあゆみ」），そして政治単元（「わたしたちの願いと政治のはたらき」日本文教出版）について，資料や書籍，ICT を活用しながら調べて考え，対話する中で学びを深める活動などを通して学習してきた。その中で，これらの過去の社会的事象と現在及び未来を結びつけて考え，よりよい未来を「そうぞう」する活動も進めてきた。本単元では，特に遠隔授業などを行い，被爆地に生きる人や被爆体験者，戦地を経験した人とつながりながら，1930年代から1945年までの戦争における日本の被害面及び加害面の両面から，平和の在り方について模索した学習経験を活かすものとする。その上で，核利用を巡る過去―現在の社会的事象を多面的に捉え，未来を「そうぞう」する学びを行い，多面的に考えて価値判断を繰り返しながら，より社会認識を高める学習を進めていった。

(2)単元の目標

・核利用の進展は国民の生活に大きな影響を及ぼしていることや，世界や日本，私たちの在り方について，絵図や文書資料，年表，地図などの基礎的資料を効果的に活用して，他者と協働して社会的事象について調べたり対話したりしながら，より高次な思考をし，価値判断・意思決定したことを使って，表現することができる。（観察・資料活用）　　　　【知識・技能】

・核利用と社会，私たちの暮らしの関係，及び世界や日本，私たちの在り方についてについて，調べたり，考えたり，価値判断・意思決定したりしたことをもとに，よりよい未来（社会）を「そうぞう」することができる。　　　　　　　　　　　　　　　【思考・判断・表現】

・核利用を取りまく過去・現状や課題などから，その働きが，国民生活に様々な影響を及ぼしていることや，エネルギーの有効な活用について，進んで資料や書籍，ICT を活用して調べて考え，情報利用の在り方について価値判断・意思決定しようとしている。

　　　　　　　　　　　　　　　　　　　　　　　　　　　【主体的に学習に取り組む態度】

(3)未来をそうぞうする子どもを育成するために

○過去―現在―未来を結びつけて調べて考え，価値判断し未来を「そうぞう」することで，社会認識がより高まる

　本単元では歴史単元で学習したことや被爆体験者との対話，生活経験を踏まえ，未来の社会や自分の在り方を「そうぞう」する学びにまでつなげることで，知識を再構成し社会認識を高め，よりよい社会の形成者としての公民的資質の基礎を養うこともできる。

○主体的且つ協働的にアクティブな学びを展開することで，積極的に社会的事象と関わろうとする子どもが育つ

　世界や日本の社会と私たちの生活との関係について，自ら調べて考え，価値判断・意思決定し，他者との対話・討論を通して，自他の調べて考えたことを比較したり結びつけたりして考え（思考を揺さぶり合う場を設け）たり，社会的事象に直接関わる人と対話することで，子どもたちはより積極的に社会的事象と関わる力を高めることができる。

❷ 授業の実際

目標　○核利用の在り方について調べ直して考えたことや価値判断・意思決定したことと，自ら社会的事象について調べて考え，価値判断・意思決定したことを比較したり結びつけたりして考え，未来に向けてより思考を広げ，深めることができる。
【思考・判断・表現】

	子どもの姿	教師の役割
導入	1．前時までの学習をふりかえる。 ［核利用の進展について調べてきたね。］　［核利用にはメリットとデメリットがあるね。］	・これまでの学習と座席表をもとに，学習の流れを捉える。 ・価値判断の状態を，ネームプレートの位置で表現しておく。
展開	2．本時のめあての確認と対話活動 　　**核利用は世の中を豊かにするのか？** (1)調べて考え直したことをもとにグループで話し合う。  (2)さらに学級全体で話し合う。 　　［原子力発電や医療機関などで核利用がされている。］ 　　［でも，事故などが起こったら，心配だね。］	調べて考え直したこと，知識の再整理をしたことをもとに，グループで「対話」するようにする。 ICTを活用して，自分の考えの根拠となる資料を共有できるようにする。 より多面的に対象を見つめて，価値判断するように促す。 友だちの考えを聞いて，価値判断の状態が変わってきた場合，ネームプレートの位置を自由に変えてよいものとする。
終末	3．ワークシートに最終的に価値判断したことをまとめ，学級全体で共有する。 　［メリットとデメリットの両面があって難しいね。］　［核利用とどう向き合っていくか考えたい。］	納得できた友だちの意見や最終的な自分の判断について，最後に共有するようにする。

❸ 実践のためのポイント

○被爆者の方との遠隔授業を行ったり，医療機関の方をゲストティーチャーとして招いたりして，現場の生の声から学ぶ場を設定した。これにより本単元の学びはより現実味を帯びたものとなった。社会科の学びは，机上の空論でなく，現実社会として捉えてこそである。

3 「捉えなおし」ができる子どもを育む学びのプロセス
～場の設定と言葉がけ・価値づけ～

■1 算数科における未来そうぞう

　本校算数科では，めざす子どもの姿を問題解決的な学習の流れに沿って設定している。

　授業におけるめざす子どもの姿と授業後にめざす子どもの姿とを分類整理し，研究を進めた。授業における子どもの姿は，対象と出合い，算数に感じ，問題意識を持って，主体的に関わり，解決しようとする〈主体的実践力〉。問題解決にあたって，友だちと考えや気づきを共有したりしながら，考えを進めている〈協働的実践力〉。自分の考えを持ち，既習事項を活用し，相手意識を持って（図や表，式などを用いて）わかりやすく表現している〈思考力，判断力，表現力等〉。自分の考え方と比べて，友だちの考え方を受け入れたり，比べたり，関連づけたりする中で，自分の考え方を捉えなおす。さらに，発展的・統合的に考えている〈創造的実践力〉。授業後における子どもの姿は，日常生活の事物・事象を数学的な見方で捉えて，そこから自分なりの思いを持ったり，課題を見つけ出したりしようとする〈創造的実践力〉。また，学習で生み出した原理などのよさを感じて，次の学習や生活に活用する〈創造的実践力〉。

　3つの実践力と教科の関連について述べる。算数科における主体的実践力を「対象と出合い，問題意識を醸成させ，自分の考えを持つ姿や，数学的な見方・考え方を働かせ，主体的に解決しようとする姿」とした。例えば，様々な方法で問題を解決しようと試行錯誤している。図や式，言葉などを使ってわかりやすく考えようとしている。問題と出合い，思ったこと，考えたことを言葉（つぶやきを含む）にしている姿である。

　協働的実践力は，「他者の考え方を積極的に受け入れ，自分の考えを元に比べたり関連づけたりし，よりよい考えを見出す姿」とした。例えば，自然に話したい時に，話し合っている。興味を持って友だちの考えを聞いている。自分の考え方と比べたり関連づけたりして，共通点相違点などを見つけている　付け足しをする。自分の考え方と関連付けたり比較したりしながら友だちの考え方をノートに記述している姿である。

　創造的実践力は，「主体的実践力，協働的実践力を働かせて，自分の考え方を捉えなおし，発展的・統合的に考える姿」とした。具体的な姿では，自分の考え方をもとにして，友だちの考えを受け入れ，自分の考え方を捉えなおしている。数値や条件を変えて，発展的に考えている。異なる考え方を比較し，共通点を見出し，統合的に考えている姿である。

❷ 算数科における未来そうぞうの授業づくり

(1)場の設定

　本項では，1人1枚ホワイトボードを用いて自分の考え方を表現し，全体で交流する学習プロセスを行っている。子どもたちは，自分の考えをホワイトボードにまとめることで，他者意識を持って考えをまとめたりわかりやすくしたりすることを自然に行っている。また，すぐに書き直せるというホワイトボードの特性から，試行錯誤しやすく，考えを書きたくなる状況を生み出していると言える。また，思考時間の確保と思考する時間差を埋める手立て，また子どもが話したいという思いを考え，自分の考えができた子どもは，移動して小交流を自由な場所で行えるようにしてきた。また，ホワイトボードは，全体交流において板書に貼ることができ，子どもの考えたことをそのまま板書に残すことができたり，他者との考えと関連づけたりすることができる。

(2)教師の言葉がけ

　教師の発問は，子どもの思考を深めたり，関連づけたりする手立てとなる。めざす子どもの姿は，子ども自ら自分の見方・考え方を捉えなおすことである。その捉えなおす力を育むためには，適切な言葉がけによって，子ども自身が捉えなおしができるように一連の学びのプロセスにおける子どもの捉えなおした姿を価値づけ，育むことが大切である。

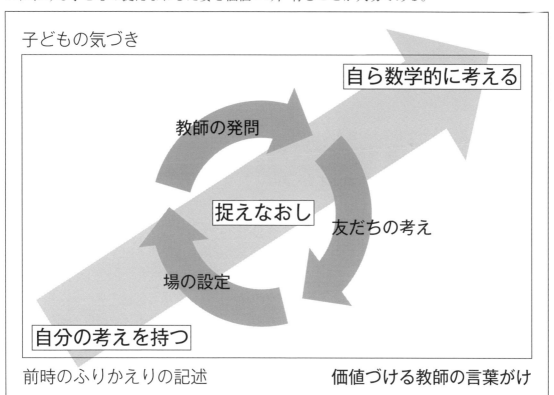

算数科　全体構想図

事例1

第1学年

おおいほう　すくないほう~このあとどうしよう~

1 単元について

⑴単元の内容

　本単元では，求大・求小（順思考）の問題解決を通して，図やブロック，絵，式などを用いて大小関係を捉えることをねらいとしている。本時では，差のある２つの数に対して，「数が違う，ずるい。同じにしたい」という子どもたちの意欲を引き出しながら，「同じ数にするにはどうすればいいか」という問題を扱う。異なる２つの数を同じ数にする方法は，　①多い方から少ない方に渡す方法　や，　②数を全部合わせてから半分に分ける方法　（平均の考え）があるが，結局いくつ渡せばいいかに着目することで，　差の数に注目して半分にする　だけで解決できる。

　　自分の考えを友だちの考えと比べながら大小関係を「捉えなおし」，差に対する見方・考え方を深めることができる。この子どもの「捉えなおし」を教師が価値づけることで，自ら「捉えなおし」できる子どもを育むことにつながると考えている。

⑵単元の目標

・一方の数と，差が与えられた場面を式で表し，計算して他方の数を求めることができる。

【知識・技能】

・大小関係を捉え，図や式・言葉で整理したり，伝えあったりできる。

【思考・判断・表現】

・自分の考えを「捉えなおし」，見えない部分（差の関係）に着目して考えたり，よりよい方法を自分の学習に活かしたりしようとしている。　　　　【主体的に学習に取り組む態度】

⑶未来をそうぞうする子どもを育成するために

○「同じ数にする」生活経験をもとにした，多様な解決方法がある場の設定

　子どもたちの生活経験の中で扱われる「同じ数にする」場面を扱う。大小関係にある２つの数を「同じ数にする方法」を考えることで，解決方法が複数ある問題場面を設定する。

○自分の考えと友だちの考えを比べ，「捉えなおし」するためのしかけ

　友だちの考えと比べ，自分の考えとの類似点や相違点に気づく場を設定する。友だちの考えと比べる場で，別の考えを認め，よりよい方法を考えようと意識づける言葉がけ・価値づけを行う。また，解決方法や内容の「捉えなおし」が行われた時，価値づける言葉がけを行う。

　自分の考えを友だちの考えと比べる過程で大小関係を「捉えなおし」，見えている数（２つの数と大小関係）から見えにくい数（差）に着目した解決方法を見出し，数に対する見方が深まると考える。

未来そうぞう科

国語科

社会科

算数科

理科

音楽科

図画工作科

家庭科

体育科

道徳科

外国語活動

❷ 授業の実際

目標 ○大きさの異なる２つの数を，同じ数にする。 【知識・技能】

○大小関係を図やブロック，式等で表現し，伝える。 【思考・判断・表現】

○大小関係を「捉えなおし」，差に着目して考える。 【思考・判断・表現】

○きまりや，よりよい方法を考え，自分の学習に活かそうとする。【主体的に学習に取り組む態度】

	子どもの姿	教師の役割
導入	**1．問題と出合う。** 「Aさんはあめを14個持っています。Bさんのあめはあさんより10個少ないです。」 Bさんは4個だね。少ないなあ。　Aさんが多すぎ。ずるい。あげたらいいのに。	大小関係に着目させ，「みんなだったらこれでいい？」問いかけ，同じ数にしたい問題意識を持たせる。
展開	**2．問題解決を図る。** 　　**同じ数にできるか　考えよう。** (1)自力解決を行う。 ①1個ずつあげて確かめよう。 ②集めて分け直そう。　　ブロックで確かめよう。9個ずつになったよ。5個あげたら同じだね。 (2)集団解決を行う。 一度合わせて，1個ずつ分けたら，9個ずつになったよ。 Aさんから5個あげたら，9個ずつになったよ。 結局，5個あげるだけでよかったんだね！	①②の他にも，方法の見通しにつながる発言を板書に残し，自力解決の見通しを持たせる。 平均・差に着目できるよう，操作の過程をふりかえらせるよう，「どんな順に動かしたの？」と方法を問う。
終末	**3．まとめと適応問題。ふりかえり。** もし違いが8個だったら，4個分けてあげるといいね。　2つの数から考えたけど，違いの半分あげるだけでできるんだね！	子どもの発言を記録した板書をもとに，数に対する見方・考え方が深められたことに注目させる。

❸ 実践のためのポイント

○机間指導の際に，子どものブロックの操作や，①②の操作にあたるキーワード（全部まとめる，多い方から1つずつあげる等）を拾い，教師による価値づけを行う。

○交流の段階では，自分の考えた方法と友だちの方法を比較し，より簡潔な方法に注目させることで，自分の考えを「捉えなおし」，差の半分に注目すればよいことに気づかせる。

第2学年 何番目

『わくわく算数２下』（啓林館）

◼ 単元について

⑴単元の内容

　本単元では，順序数と集合数が組み合わされた問題場面を解決することで，集合数と順序数の関連をより一層深く学ぶことをねらいとしている。単元のポイントとなるのは集合数と順序数の違いから生まれる数の落ちと重なりである。図を用いて表すことで落ちや重なりに気づくことができ，問題を解決することができる。

　本時では，順序数を問いかけることで重なりが生まれる問題を扱う。問題文から単純な思考をたどれば，「10」と「５」という数から「10－５」という式が立式されるであろう。ここで，より深く考えたり説明したりするために，図に表すことの必要感を持たせることをねらいたい。問題文にある重なりの意味に気づき，「＋１」が本時の問題では重なりを意味していることへの「捉えなおし」が生まれるであろう。こうした問題の設定や，図を使うよさに気づいたり，「捉えなおし」たりする子どもへの価値づけによって，自ら「捉えなおし」ができる子どもを育むことができるであろう。

⑵単元の目標

・順序数と集合数が組み合わされた場面について，図に表したり式に表したりすることができる。

【知識・技能】

・落ちや重なりについて，図をもとにして整理したり論理的に考えたりすることができる。

【思考・判断・表現】

・自分の考えを「捉えなおし」，図に表すよさに気づき問題解決の際に進んで用いようとする。

【主体的に学習に取り組む態度】

⑶未来をそうぞうする子どもを育成するために

○自分の考えと友達の考えを比べ，「捉えなおし」するためのしかけ

　問題文から立式する場をあえて設定することで，落ちや重なりに対する疑問が生まれ，それを解決するために図に表す必要性が出てくる。形式的に計算するだけでなく，「＋１」で表わされる式の意味を図によって考えられる。そうした図の意味や価値を子ども自身で捉えなおす学習展開とする。

○発展的・統合的に考えることができる場の設定

　前時とのつながりから落ちや重なりについて統合的に考えられるようにする手立てとして前時の板書を提示する。さらに，問題について，数を変えて考えられるような条件とすることで「ほかの数ではどうなるのかな」という発展的な見方・考え方を働かせることができる。

未来そうぞう科

国語科

社会科

算数科

理科

音楽科

図画工作科

家庭科

体育科

道徳科

外国語活動

2 授業の実際

目標　○集合数と順序数の関連について，図に表したり，式に表したりして考え，発展的・統合的に考えることができる。

【思考・判断・表現】

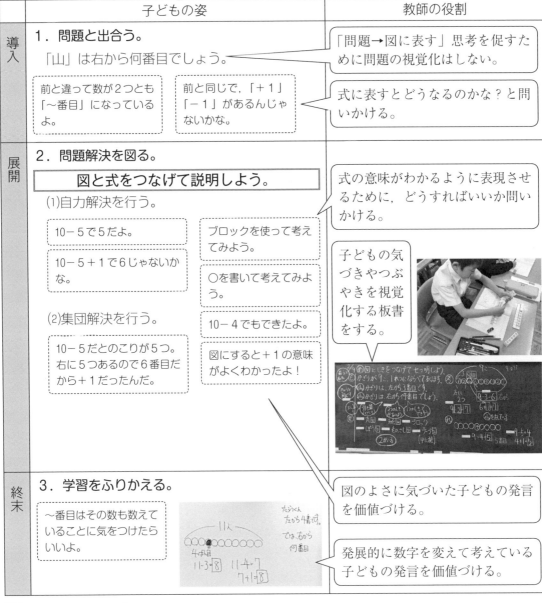

	子どもの姿	教師の役割
導入	**1．問題と出合う。** 「山」は右から何番目でしょう。 前と違って数が2つとも「〜番目」になっているよ。　前と同じで，「＋1」「−1」があるんじゃないかな。	「問題→図に表す」思考を促すために問題の視覚化はしない。 式に表すとどうなるのかな？と問いかける。
展開	**2．問題解決を図る。** 　図と式をつなげて説明しよう。 (1)自力解決を行う。 10−5で5だよ。　　ブロックを使って考えてみよう。 10−5＋1で6じゃないかな。　　〇を書いて考えてみよう。 (2)集団解決を行う。 10−4でもできたよ。 10−5だとのこりが5つ。右に5つあるので6番目だから＋1だったんだ。　　図にすると＋1の意味がよくわかったよ！	式の意味がわかるように表現させるために，どうすればいいか問いかける。 子どもの気づきやつぶやきを視覚化する板書をする。
終末	**3．学習をふりかえる。** 〜番目はその数も数えていることに気をつけたらいいよ。	図のよさに気づいた子どもの発言を価値づける。 発展的に数字を変えて考えている子どもの発言を価値づける。

3 実践のためのポイント

○教師からの「〜しましょう」ではなく，子どもがそうしたくなる場面や問いを設定する。捉えなおした子どもを価値づけることで，自ら「捉えなおし」できる子の育成につながる。

○図がなければ「＋1」を説明し，明確に理解することは難しい。誤答を活かしながらどうして「10−5」ではいけないのか，子どもに問いかけていくことが肝要である。

事例3

3 分数

学年

『わくわく算数3上』（啓林館）

1 単元について

(1)単元の内容

　第3学年において，分数と小数の学習では，身の回りにある様々な数における関係性を，子ども一人ひとりが実感を伴って理解し，統合的な見方を持てるようにしていきたい。これらの単元における整数以下の数の表し方と，測定とのつながりをもとに，単位変換と関連づけた見方を育むような，単元展開にしたい。本単元では，まず小数の単元とのつながりを持って学習を進める。1以下の表し方として，0.1と$\frac{1}{10}$が等しいことを学び，小数では表せない$\frac{1}{3}$について端下の表し方による量分数を学習する。そして，1mという基準を分割することにより「1mの$\frac{1}{\bigcirc}$」という表し方を知り，単位分数を学習していく。次に，分数の意味と表し方を学び，1を超える分数についても学習する。また，(m)表記の長さ以外の連続量である液量（L）や，cm，kmについても分数表記できることや，その意味を理解していく。次に，分数を抽象的に捉えていく。「数」としての分数を取り上げ，単位分数および1の関係について学習する。数直線を用いて分数を表し，整数と整数の間を分数で埋めたり，大小関係や，分数の大きさを対応させたりして学習をしていく。そして，分数も整数と同じように大小関係があること，等号，不等号を用いて表すことを学習する。最後に，同分母分数のたし算・ひき算について学習する。

(2)単元の目標

・等分してできる部分の大きさや端数部分の大きさを表すのに分数を用いることができる。簡単な場合について，分数の加法及び減法の意味について理解し，それらの計算をすることができる。　　　　　　　　　　　　　　　　　　　　　　　　　　　　　【知識・技能】

・数のまとまりに着目し，小数でも分数でも数の大きさを比べたり計算したりできるかどうかを考えることができる。　　　　　　　　　　　　　　　　　　　　　【思考・判断・表現】

・数学的な見方・考え方を働かせ，既習事項と結びつけて持続的に解決しようとする。

　　　　　　　　　　　　　　　　　　　　　　　　　【主体的に学習に取り組む態度】

(3)未来をそうぞうする子どもを育成するために

○基準を1としない分割分数の表し方と量分数を比べる場の設定によって，単位を揃えるよさや量分数と分割分数の違いの理解を深めることができる。また，単位変換の視点を価値づけることで，統合的な見方が働き，身の回りの生活における量感を捉えなおすことができる。

○ICT活用「ロイロノートの共有・比較」を自分の視点で自由に行える場の設定が，友だちの考え方を受け入れたり，自分の考え方と比べたり関連づけたりすることにつながる。

② 授業の実際

目標　○基準を１mとする量分数と分割分数の違いを，友だちの考え方と比較し，説明することができる。分数で表す長さの量感を捉えなおすことができる。　【思考・判断・表現】

未来そうぞう科

国語科

社会科

算数科

理科

音楽科

図画工作科

家庭科

体育科

道徳科

外国語活動

	子どもの姿	教師の役割
導入	**1．問題と出合う。** どちらの長さが，長いかな。 分数に単位がついているね。元の長さが違うね。／図にかいて考えたいな。単位をそろえようかな。	部分的に問題を提示する。まず，$\frac{1}{4}$と$\frac{1}{8}$を示し，その後，「$\frac{1}{4}$m」と「２mの$\frac{1}{8}$の長さ」と示すと着目しやすくなる。
展開	**2．問題解決を図る。** **どちらが長いか，わかりやすく説明しよう。** (1)自力解決を行う。 線分図で表すと，元の数の大きさの違いがわかるね。／元の数の大きさが２倍になっているね。 (2)集団解決を行う。 元の数が２倍になっているけど，同じ長さになっているね。 	一人ひとりが自分の考えを持てるように見通しを共有する。自力解決では，既習の方法を用いて自分の考えを持てるよう支援する。 友だちの考え方を自由に見ることができるように iPad で共有できるよう場の設定を行う。 
	発表した考え方を比較できるように構造的に板書する。	
終末	**3．学習をふりかえる。** 単位をそろえるとどちらも25cmになるね。 	線分図を用いて，分数の量感を比較できるようにする。「元の数が違っていたら…」など子どもの気づきを価値づける。

③ 実践のためのポイント

○導入場面の提示の工夫によって，問題意識が醸成されやすくなる。

○元の数の違いを数だけで扱うのではなく，図を用いて関連づける展開にする。

理科

4 豊かな自然観に基づき，未来を創造する子どもを育てる理科教育〜社会や自然の諸問題を教材化した単元開発を通して〜

1 理科における未来そうぞう

「豊かな自然観に基づき，未来を創造する子ども」を右のように定義した。主体的実践力については，過去の研究より，探究的な学習における導入場面や活用場面において発揮されやすい。発揮され続けていく場面を単元構成の中に設定することで，主体的実践力が身についていく

「豊かな自然観に基づき，未来を創造する子ども」

主体的実践力を発揮している姿

○身の回りの自然に関心を持ち，自ら進んで関わる子ども

○課題に対して試行錯誤することで，問題を見出し，解決しようとする子ども

協働的実践力を発揮している姿

○学び合いを通して，自分や他者の考えや実験結果から，差異点や共通点を見つけ，自分の考えを深めたり，広げたりする子ども

創造的実践力を発揮している姿

○科学的な根拠に基づきより妥当性のある考えへと変容させる子ども

○自然について理解し，身につけた知識・技能を用いて，新たな問題や課題を最後まで諦めずに解決したり，実生活や社会に活かそうとしたり，事象を捉え直そうとしたりする子ども

と考える。理科は実験や観察において，グループ活動での学び合いが学習の基礎となる。そこで，学び合いに着目して，本年度は**協働的実践力**に焦点を当てて研究を進めていく。主体的実践力と協働的実践力の高まりが両輪となって，発揮することで，理科においてめざす創造的実践力が育むことにつながると考える。

2 理科における未来そうぞうの授業づくり

(1)探究的な学習

未来そうぞう科における想像と創造とを繰り返す探究的な学習を，理科においては，①**事物・現象との出合い**，②**構想**，③**解決**，④**活用**という学びの過程として位置付けた。本年度も探究的な学習の各場面の実態を踏まえつつ，各場面において，具体的な手立てを考えていく。

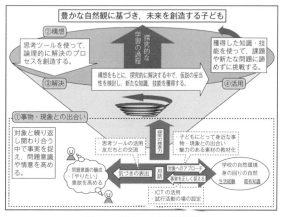

図1　理科　全体構想図

(2)多角的・多面的な見方・考え方が働く場の設定

未来そうぞう科の見方・考え方において，「対象に対して，多角的・多面的にアプローチすること」が示されている。理科の学習においても，多角的・多面的な見方が働くような場の設定を行うことで，より３つの実践力が育成することができると考える。とりわけ本年度は**協働的実践力（班活動において友だちとの差異点や共通点を見つけ，自分の考えを深めたり，広げたりする力）**に焦点を当てる。

(3)社会や自然の諸問題を教材化した単元開発

一昨年より，理科と未来そうぞう科の学習内容と関連させ提案してきた。社会や自然に目を向けた時，子どもにとって学びの必然性のある題材は身近なところに潜んでいる。しかし，その枠組みを指導者側が理科として捉えた場合，子どもにとって必然性のある学びに発達段階や各学年の学習内容，理科のねらいなどの視点で制約がかけられてしまい，本校がめざす３つの資質・能力を育むことは難しい。そこで本年度はその枠組みを大きく捉えなおして，子どもにとって，必然性のある学びを展開したいと考えた。その具体的な手立てとして，子どもたちにとっての身近な社会や自然における諸問題を教材化し，様々な教科の視点でアプローチしていくような単元開発が必要であると考える。

平成30年度は異常気象により，集中豪雨によって川の氾濫や土石流など各地において見られ，社会問題となっている。本校の近くにも「大和川」が流れ，大雨がある度に災害にあってきた歴史がある。そこで地域の河川を題材に単元開発を進める。図２は第４学年における教科横断的な学習の概要であり，表１は新単元の構想である。

図２　教科横断的な学習

表１　新単元の構想

タイムスリップ～大和川をめぐる過去から未来へのバトン～				
関連する単元	理科の視点	社会科の視点	未来そうぞう科C領域の視点	
			社会や自然を対象とする内容	
	第５学年 流水の働き	第４学年 大和川をつくり変えた人々	日本の災害 自分たちにできること	自分たちの 地域の防災
めざす 子ども像	・過去の平野小学校の地域がどのように氾濫したのかを考え，未来の理想の川を考える。	・現代の大阪の諸問題に対して価値判断・意思決定できる。	・被害を把握する。 ・自分たちができることを考え・行動する。	・どれくらいの雨量だと大和川が氾濫するかを考える。 ・防災マップを作成する。
単元の 学習内容	・川の氾濫しやすいところを知る。 ・付け替え前と付け替え後の川の様子の違い ・雨量と氾濫の関係	・昔と今の大和川の比較 ・大和川の被害の変遷 ・付け替えの賛否 ・中甚兵衛の功績 ・付け替え工事の様子 ・新たな問題発生	・被災地の子どもとの交流 ・ボランティア活動 ・防災活動 ・募金活動	・地域の高低差を調べる。 ・過去の防災被害を調べる。
単元につながる 過去の学習内容	４年理科「水のすがた」 ４年理科「水のゆくえ」		３年　平野EXPO ２年　学校クリーン大作戦	

事例1

第4学年 タイムスリップ～大和川をめぐる過去から未来への命のバトン～

1 単元について

(1)単元の内容

　平成30年は異常気象により，集中豪雨によって川の氾濫や土石流などが各地において見られ，社会問題となった。本校の近くにも「大和川」が流れ，大雨がある度に災害にあってきた歴史がある。そこで地域の河川を題材に単元開発を進める。

　まず3つの時代へタイムスリップする場を設定する。3つの時代とは，今の地形とは異なる太古の時代や，流町という町ができた戦国時代，大和川の付替工事があった江戸時代である。タイムスリップを通して大阪に住む人々の「命」のつながりを軸にして，大雨などの水がもたらす大地の変化やそこに住む人々の苦労や思いを探究的に学習していく中で，様々な教科の視点で「大和川」にアプローチしていく。そしてその学びを通して流れる水によって起こる大地の変化や，大和川の付け替えという地域の発展に尽くした先人の様々な苦心や努力により，当時の生活が向上したことなどを複合的に関連づけながら理解し，現在の大和川を捉えなおすことで，未来を見据え，防災などで大阪に住む自分ができることなどを考えていく。

(2)単元の目標

・自他の考えや実験結果から相違点を見つけ，自分の考えを深め広げることができる。【知識・技能】

・大和川に関する諸問題を多角的・多面的に捉え，よりよい未来に向けて諸問題を解決する方法を考えたり，考えたことを他者に発信したりし続けることができる。　　　　　【知識・技能】

・自他の考えや実験結果から相違点を見つけ，自分の考えを深め広げることができる。

【思考・判断・表現】

・大和川に関する諸問題を多角的・多面的に捉え，よりよい未来に向けて諸問題を解決する方法を考えたり，考えたことを他者に発信したりし続けることができる。　　【思考・判断・表現】

・課題に対して，過去の人々の思いと自分とをつなげて考えながら見通しを持ち，試行錯誤しながら問題を見出したり，解決しようとしたりする。　　　　　【主体的に学習に取り組む態度】

(3)未来をそうぞうする子どもを育成するために

○タイムスリップする時代の地形を再現することで過去の事象をより自分事として捉える

　タイムスリップする時代の地形を流水モデルや3Dプリンタで再現させる場を設定する。その当時の地形をリアルに再現することで，洪水を起こす場所や村の所在など，予想時の交流場面が充実する。このような予想を積み上げていくことで過去の事象をより自分事として考えることができる。その考えは現在の護岸工事や「大和川」のハザードマップ作成の視点につながっている。

② 授業の実際

目標 ○資料や学習経験をもとに，タイムスリップする場所の地形を再現することができる。

【知識・技能】

　○観察結果をもとに，学習経験や調べたことをもとに洪水を防ぐ方法を練り上げ，実験計画を立案したり，ハザードマップなどを作成したりすることができる。【思考・判断・表現】

	子どもの姿	教師の役割
導入	1．それぞれの場所の洪水について予想する。 ①平野チーム　②柏原チーム　③玉串チーム 高低差がないから洪水は起きにくい？　川の合流地点だから洪水が起きそうだ。　中甚兵衛さんが住んでいたところだね。 	9つの生活班（4人組）を3つの地域にタイムスリップする場を設け，予想させる。
展開	タイムスリップする場所ではどのように洪水が起きていたのか。 2．場所に流水モデルを作成し，水を流す。 (1)地形を再現する。 3Dプリンタと地図をもとに地形を考えてみよう。  (2)水を流し洪水を起こす様子を観察する。 水を一斉に流してみよう。どこから洪水が起きるかな。 	地図を読む人，地形を読む人，水を流す人，土を掘る人，動画を撮る人など，役割分担に触れる。  どのように洪水が起きたかを再現できるように，動画をタブレット端末で記録させる。
終末	3．洪水から大阪を守る方法について話し合う。 思っていた以上にカーブや合流地点で洪水が起きたな。　現在はどうやって洪水から人々を守っているのか，調べてみよう。	自分たちが調べたいことを教科ノート（自主学習）に取り組ませて，ロイロノートに提出させ，次時の授業で，子どもが活用できるようにする。

③ 実践のためのポイント

○洪水が起きる様子を観察するだけでなく，「自分ならどうすれば，洪水から大阪の人々を守ることができるか」という視点と方法を与えることが必要である。例えば，自分なりに洪水を守る方法を自主学習として調べて，次時の授業で扱うなど本践践においては有効である。

未来そうぞう科
国語科
社会科
算数科
理科
音楽科
図画工作科
家庭科
体育科
道徳科
外国語活動

5 未来そうぞうの資質・能力を育成する「生成の原理」による音楽授業

1 音楽科における未来そうぞう

(1)音楽科における未来そうぞうとめざす子ども像

本校研究の「未来そうぞう」を「音楽科における未来そうぞう」として捉えなおすと,「他者とともによりよい〈表現〉をしようと, 音や音楽にアプローチし続けていく」ということになると考える。したがって音楽科では, この「音楽科における未来そうぞう」を実現するために, めざす子ども像を「よりよい〈表現〉[1] をそうぞうする子ども」と設定する。

この「よりよい〈表現〉をそうぞうする子ども」とは, 自分の持ったイメージを音や音楽を通して演奏したり, 批評文を書いたりして表す時に, 演奏方法を工夫したり批評文に使用する言葉や文章を工夫したりして, そのイメージがより詳しく豊かに伝わるようにする子どもの姿を指している。音楽活動において自分のイメージを表すという目的に対して, その子自身がより納得し満足のいく演奏や批評文となるように〈表現〉する姿をめざすということである。

(2)「生成の原理」と未来そうぞう

音楽科では「生成の原理」に基づいた授業を行っている。「生成の原理」とは,「(人間と環境との) 相互作用を通して環境側に変化が起こり, そのことで人間側にも変化が起こるという, この環境側と人間側との二重の変化が意味をもつとする」[2] (括弧内筆者) という相互作用の構造のことである。これを音楽学習に適用すると, 子どもが自らの内なる考えやイメージをもとに環境としての音や音楽という対象に働きかけて試してみてはその結果を受け止め, 新たに考えやイメージをつくりかえるということになる。「未来そうぞう」における学びのプロセスでいうと, 子どもが自らの内なる考えやイメージを持つのは「想像」, それをもとに音や音楽に働きかけ試してみるのは「創造」, その結果をもとに新たに考えやイメージをつくりかえるのは「想像」にあたる。

このように「生成の原理」による音楽授業では「想像」と「創造」がそれぞれの質を高めながら何度もくり返され, 子どもたちの〈表現〉がよりよい音楽作品や音楽の批評文をめざして進んでいく。こ

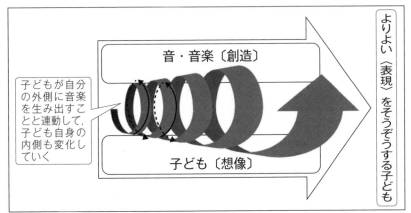

音楽科　全体構想図

れは，未来そうぞうの学びのプロセス[3]と共通していることから，「生成の原理」による音楽授業は「音楽科における未来そうぞう」を具現化できるといえる。

⑶音楽科と３つの実践力の関わり

音楽科では，未来そうぞうの３つの実践力を発揮している姿は**表1**のようになると考えた。これら３つの実践力を「生成の原理」による授業によって育成し，めざす子ども像にせまっていく。

表1　音楽科において未来そうぞうの3つの実践力を発揮している姿

主体的実践力…自ら音や音楽に関わっていこうとしている姿
協働的実践力…音楽活動に関わる目的を共有し，その実現に向けて他者と関わっている姿
創造的実践力…自らのイメージをもとに発想・構想している姿

2 音楽科における未来そうぞうの授業づくり

これまでに本校音楽科が行ってきた「生成の原理」による音楽授業のプロセスを３つの実践力の視点で見ていくと，協働的実践力が発揮されているところで主体的実践力や創造的実践力も連動して発揮されている構造が見えてきた。そこで音楽科では，協働的実践力が発揮される手立てを意識した授業づくりについて考えた。表２に，授業の中で協働的実践力が発揮されるようにする手立てとして有効だと考えられる教材選択や教具の工夫を示す。

表2　協働的実践力が発揮されるようにするための手立て

教材	○他者とイメージを共有しやすいもの ・子どもが自らの生活経験を活かすことができるもの（例）わらべうた，地元の祭囃子 ・イメージの自由度が高いもの（例）空き缶を用いた音楽づくり，一弦箱を用いた音楽づくり
教具	○意見を可視化し共有できるもの（例）付箋，拡大ワークシート，ホワイトボード

〔教材について〕

イメージの共有は，音楽活動における目的の共有につながり，協働的実践力の発揮を促す。生活経験に基づいたイメージは他者と共有しやすいため，生活を想起しやすい教材を扱うことが有効である。また，自由なイメージはその子どもの生活経験に基づいているので，イメージの自由度が高い教材も有効である。

〔教具について〕

意見を可視化することは，コミュニケーションが起こるきっかけになり，発想や構想を共有しながら協働的な〈表現〉の推進に有効である。

【注】
1）〈表現〉と括弧付きで表記しているのは，単なる活動形態としての表現ではなく「生成の原理」に基づく表現であることを表している。
2）小島律子（2015）『音楽科授業の理論と実践　生成の原理による授業の展開』あいり出版，4頁
3）平成30年度大阪教育大学附属平野小学校研究総論，2頁

第3学年 空き缶の音色を生かして音楽をつくろう

◼ 単元について

(1)単元の内容

　空き缶は，様々な形や大きさ，素材のものがあり，色々な音色に出合うことのできる楽器となる。叩いたり，こすったり，へこませたりと色々な方法で簡単に音を鳴らすことができるので，試したい時にすぐさま音を鳴らしたり重ねたりすることができる。鳴らし方や素材の違いによって，様々な音色をつくり出すことのできる空き缶でたくさんの音色を探究し，その音色を順に重ねることで，空き缶の音色や漸増とイメージを結びつけながら音楽をつくることができると考える。

(2)単元の目標

・音色について理解し，イメージが伝わるように音楽づくりができる。　　　　　　【知識・技能】

・音色を知覚し，それが生み出す特質を感受する。

　音色を意識し，イメージが伝わるように表現を工夫する。　　　　　　　　【思考・判断・表現】

・音色に関心を持ち，意欲的に音楽づくりを行う。　　　　　　【主体的に学習に取り組む態度】

(3)未来をそうぞうする子どもを育成するために

〇協働的実践力を発揮することができるような教材の設定

　空き缶は叩いたり，こすったり，へこませたりと色々な方法で音を簡単に鳴らすことができるので，試したい時にすぐさま音を鳴らすことができる。「できるだけたくさんの音を見つける」というめあてを持ち，空き缶で様々な音色を探究することで，「こんな音を見つけたよ」「その音どうやって鳴らすの？」というように，音を鳴らしながら会話が生まれると考える。子ども同士の関わりが生まれやすい空き缶を教材とすることで，協働的実践力を発揮することができると考えられる。

〇協働的実践力を発揮することができるような場の設定

　中間発表の場を設けて，他のグループがどのような音色で演奏しているのかを聴くようにする。「どんなイメージを伝えているのかな」「どんな工夫をしているのかな」ということを探ることを共通の目的とする中間発表を通して，協働的実践力を発揮することができると考えられる。

❷ 授業の実際

目標　〇グループで空き缶の音色を活かし，イメージを表す音楽を工夫してつくる。【思考・判断・表現】

	子どもの姿	教師の役割
導入	1．お気に入りの音色を順に重ねた音を聴き，どのようなイメージがするかを考え交流し，音楽づくりの見通しを持つ。 ・カエルがゲコゲコ言いながら工事している感じがするな。　・音を強く鳴らしたり，速くしたりすると伝わるかな。	とりあげる音色について，カードに書かれたイメージを紹介し，「それぞれ違うイメージの音色を順に重ねてみるとイメージはどうなるかな」と問い，聴き手には，どんなイメージがするかを考えながら聴かせ，交流させるようにする。
展開	2．それぞれのお気に入りの音色を鳴らしてイメージを共有し，音色を順に重ねながら，どのようなイメージを表すことができるかを考え音楽をつくる。 グループで空き缶の音色を活かし，イメージを表す音楽をつくろう。 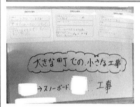  3．中間発表をする。 	「こういうイメージがするようにもう一度鳴らしてみて」「イメージを伝えるためにどんなことに気をつけるともっと伝わるかな」などと問い，表現の工夫を考えるようにする。 グループでお気に入りの音色を順に重ね，イメージしたことから題名を決めて音楽をつくっていくことを知らせる。 グループでお気に入りの音色を聴き合い，どんなイメージがするかを共有させるようにする。 音を鳴らして，お気に入りの音色を順に重ねて試し，どんなイメージがするかを話し合うようにする。 グループの音楽の題名が決まったら，自分たちのイメージが伝わるように演奏の工夫を考え，試すように声をかける。 新たな表現の工夫の手がかりを得させるために，適宜，クラス全体やグループ同士で交流させるようにする。 聴き手には，発表を聴いてイメージしたことや気付いた工夫について述べさせる。
終末	4．中間発表を踏まえて，グループでさらに表現の工夫をする。	自分たちのイメージを聴き手に伝えるには，どのように工夫すればよいかを考えさせる。

❸ 実践のためのポイント

〇子どもたちの生活に身近な空き缶を楽器として音楽づくりをすることで，生活経験に根付いたイメージを持って音楽をつくることができる。

〇音色を指導内容とする時には，音をしっかりと聴けるような環境で行うことが大切。

※本案は，以下の資料を参考に作成している。
・小島律子・関西音楽教育実践学研究会（2010）『楽器づくりによる想像力の教育―理論と実践―』東真理子氏の実践
　pp55-61，黎明書房
・岡寺瞳（2018）『学校音楽教育研究』第22巻「音楽づくりにおける子どもの目論見形成にみるイマジネーションの働き」でとりあげられた一弦箱の実践，日本学校音楽教育実践学会
・藤本佳子（2018）「問題解決としての音楽的思考におけるリフレクションの機能―思考の連続性に着目して―」でとりあげられた一弦箱の実践，日本学校音楽教育実践学会第23回全国大会での発表

第6学年 一弦箱の音色を生かして音楽をつくろう

1 単元について

(1)単元の内容

　本単元では，一弦箱を用いた音楽づくりの活動を行う。一弦箱は箱にかけた輪ゴムを弾いたり，引っ張ったりして音を出す手作り楽器である。輪ゴムは子どもにとって身近で扱いやすい素材であり，一弦箱の形状やゴムの弾き方を変えるだけで音色が様々に変化する。このことから，どの子も気軽に演奏ができ，イメージを表すための演奏の工夫もしやすいといえる。

　本単元の指導内容は，一弦箱から出る様々な音色である。したがって，一弦箱の形状やゴムの弾き方などによってどういう音色が出るのかを知覚し，その音色からどのようなイメージが生み出されるのかを感受することを大切にする。そして，個々人の音色とイメージをグループに持ち寄り，音色を組み合わせることでイメージを表す音楽をつくっていくようにする。

　子どもが一弦箱の音色からイメージすることとして，水の音，歩く音，花火の音などの自然音・環境音が予想される。よって，本単元では，子どもたちが自分たちの生活経験に根付いたイメージをグループで共有しながら音楽をつくることができると考える。

(2)単元の目標

・一弦箱の音色について理解し，イメージが伝わるように音楽づくりができる。　【知識・技能】

・一弦箱の音色について知覚し，それが生み出す特質を感受する。

　一弦箱の音色を意識し，イメージが伝わるように表現を工夫する。　【思考・判断・表現】

・一弦箱の音色に関心を持ち，意欲的に音楽づくりを行う。　【主体的に学習に取り組む態度】

(3)未来をそうぞうする子どもを育成するために

○協働的実践力を発揮することができるような教材の設定

　一弦箱は，箱の形状やゴムの弾き方一つで出る音色が変化し，演奏の仕方も気軽に変化させることができる。そのため，自由に様々なイメージを広げることができる。この時，子どもたちは生活経験を基盤としてイメージを広げる。生活経験に基づくイメージは他者と共有しやすいので，共に音楽づくりを行う中で協働的実践力を発揮することができると考えられる。

○協働的実践力を発揮することができるような場の設定

　本単元では，最初に自分のお気に入りの音を探す場を設定する。お気に入りの音を持つということは自分の思いを持つことと同じである。これにより，グループ内で各自が自分の音を提案しながらそれらをどのように組み合わせるかを考えていくという協働的実践力を発揮することにつながると考えられる。

❷ 授業の実際

目標　○一弦箱の音色を意識し，イメージが伝わるように表現を工夫する。　【思考・判断・表現】
　　　○一弦箱の音色に関心を持ち，意欲的に音楽づくりを行う。　【主体的に学習に取り組む態度】

<table>
<tr><th colspan="2">子どもの姿</th><th>教師の役割</th></tr>
<tr><td rowspan="2">導入</td><td>1．あるグループが4人で重ねた音を全員で聴き，どのようなイメージがするか考える。</td><td>グループでの音楽づくりの見通しが持てるよう，デモンストレーション的に行う。</td></tr>
<tr><td>たぬきがおなかを叩いて踊っている感じがするよ。　おばけが出てくる感じがするね。</td><td>子どもの意見に即して再度<u>実際に音を鳴らし</u>，確認・共有する。</td></tr>
<tr><td rowspan="4">展開</td><td>一弦箱の音色を活かして音楽をつくろう。</td><td rowspan="2"></td></tr>
<tr><td>2．グループで音を重ねて鳴らしながら，どのようなイメージが表せそうか考え，音楽をつくる。</td></tr>
<tr><td>私の一弦箱は，鐘みたいな低い音が鳴るよ。　ぼくの音はお賽銭を入れる音みたい。大晦日の神社の様子が表せそう。</td><td>創意工夫している班を取り上げて全体に紹介し，工夫の手がかりを得させる。</td></tr>
<tr><td>3．中間発表を行い，感じたことを交流する。
音が小さすぎて，鐘のイメージが伝わりにくいな。</td><td>イメージが膨らまず，活動が滞っているグループがあれば，全体の場で音を紹介させ，他グループからアイデアをもらえるようにする。</td></tr>
<tr><td>終末</td><td>4．中間発表を踏まえて，グループでさらに表現の工夫をする。
花火の音にも聴こえてきたよ。大晦日の神社の様子に花火も加えよう。</td><td>録音機があれば自由に使えるように用意し，自分たちの音楽を客観的に聴くために録音してみることを子どもに提案する。</td></tr>
</table>

❸ 実践のためのポイント

○音を通した知覚・感受の共有…子どもが知覚・感受したことを発言する場面では，言葉だけのやりとりにならないよう実際に音を鳴らして共有することが大切である。
○客観的なふりかえり…自分たちの音（音楽）を客観的に聴くことで知覚・感受がより豊かになり，音楽づくりの活動が促進されるので，録音機があるとよい。

6 造形活動を通して育む未来そうぞうの資質・能力

1 図画工作科における未来そうぞう

(1)図画工作科におけるめざす子ども像

　図画工作科におけるめざす子ども像は「多様性を認め合い，新たな意味や価値を何らかの形でつくり出そうとする子ども」である。「多様性を認め合い」とは，自分の考えとは違った他者の考えを排除せず，そこにあるものとして認めることである。「新たな意味や価値」は，他者の考えを認めた上でつくり出される。「何らかの形」とは，絵や立体・工作に表す活動や造形遊びをする活動における子どもたちの行為，表情やつぶやき，作品や文章や発表での感想などのことである。

　子どもたちは，形や色などから，面白さやよさ，美しさを感じ取り，イメージを広げていく。材料・用具，他者などと関わりながら〈いいこと〉[i]を考え，これまでの経験を活かしながら，今を手がかりに思いついたことを試していく。そこでつくり出されるものは，ものとしての作品を超えた新しい意味であり，新しい自分である。このことが，〈いま―ここ〉[ii]を生きることであり，未来をそうぞうしていることになると考える。

(2)図画工作科がになう３つの実践力

主体的実践力につながる行為	子どもの思考
自分の思いに合わせてつくったり，思いついたことに合わせて材料・用具の扱いや表現方法を工夫しながら表したりしていく。	・「すごい！うまくいった」「あれっ？思ったのとは違う…けど，面白い！」 ・「こんなことをしたら面白そう。」「こうしたらどうなるのかな？」「こうなったから，こうしてみよう！」
協働的実践力につながる行為	
お互いの多様性を認め合い，共に高め合っていく。	・「友だちのここがいい！」「自分とは違うけど面白い！」「一緒にしてたけどあのやり方すごかった！」 ・「一緒にやったから，すごいものがつくれた！すごいことになった！」
創造的実践力につながる行為	
意味や価値を変化させたり，新たにつくり出したりしていく。	・「うわっこんな見方したことなかった！」「こんなの初めてや！」 ＊同じことのように見えても，自らが一瞬一瞬刷新されているため，全ては新しい経験となり，出会ったものやこと全てに対して，今までとは違うよさや喜びや面白さを感じ，それまでの自分の価値観に照らし合わせながら意味や価値をつくり出していく。

❷ 図画工作科における未来そうぞうの授業づくり

(1)造形遊び的思考[iii]により，主題の生成をうながす

　子どもたちは，図画工作科の授業での一つ一つの行為を通して，常に意味や価値をつくり，つくりかえ，つくっている[iv]。この時，同時に，本校が設定する３つの資質・能力のうち，特に創造的実践力[v]を発揮しているということができる。子どもたちはこの能力を，常に発揮しているのだが，よりこのような状況が多く生み出される題材を設定することで，どのような状況においても，新たな意味や価値をつくり出そうとする力が育まれると考える。

　①魅力的導入　わくわくするはじまり

　　～「はやくやりたい！」でも「まず，見たい！きたい！」～

　図画工作科において，自分や友だちのつくり出したものを見あい，つくり出したことをききあい，それぞれの経験を共有することを大切にすることで，自分の世界を広げる。そのために，本時の初めに，前時の授業のタイムラプス動画や，個人で最後にふりかえりとして録った"その日"の記録動画を見ながら，本時の見通しを持ち，今日の自分はこんなことをしてみたい，あんなことをしてみたいという，わくわく感につなげていきたいと考える。

　②意欲的終末　さめないふりかえり

　　～今日やったこと，とっておきたい！～

　子どもたちがつくり出した考え・ものやこと，意味や価値などを，子どもたち自身が見とれるようなふりかえりの時間をデザインする。その時間のふりかえりは，次の時間のはじまりと同義であり，わくわくするはじまりをデザインすることにつながる。このことが，図画工作科において，やりたいという意欲につながっていく。

　毎回の終わりに今日の感想や次の自分へ向けての伝言などを動画で残したものや，その時間の授業の全貌を取ったタイムラプスの映像を，次時の始まりにみんなで見ながら，今までの自分たちから今日の自分を想起できるようにする。その中で，形や色などによるコミュニケーションを促進し，その活動を通して育んでいく資質・能力を共有することができると考える。

---

i　〈いいこと〉とは，一般的な良い悪いではなく，その子にとって価値のあることを指す。

ii　この〈いま―ここ〉の捉えについては，発達心理学者浜田寿美男氏の〈ここのいま〉の概念を参考にした（浜田寿美男，『「私」とは何か』，講談社選書メチエ，1999など参照）。また，元文部省教科調査官及び視学官の西野範夫氏は，造形遊び等図画工作科に関する考察の中で，子どもの生きる世界や意味生成を論じる際に「今，ここ」という言葉を用いている。（西野範夫，「〈新教育〉を立ち上げる造形遊び」，『美育文化』，Vol.48，No.18美育文化協会，1998，pp.52-53など参照）

iii　造形遊びそのものではなく，造形遊びの考え方のこと。「造形遊びをする」では，児童が自ら材料や場所などに働きかけ，そこから発想していく。

iv　阿部宏之（2017年）『平成29年版　小学校新学習指導要領ポイント総整理図画工作』，東洋館出版社，p141，大泉義一，「内容取り扱いに関して　児童のよさや個性を生かす活動」において，大泉は，活動の全過程において，子供が「つくり，つくりかえ，つくる」こととは，子供が自分のよさや可能性を見いだすことと同義であると述べている。

v　「創造的実践力」は，よりよい未来をつくるために，新たな意味や価値を生み出し続けることができる力。

第5学年 ゆけゆけ∞（無限大）ワールド～分解神をこえろ！～

1 題材について

(1)題材の内容

本題材は，電卓やプリンターなどを分解することを楽しみ，分解したものの中から「いいな」と思うものを見つけたり，いい感じに並べたりするものである。

壊れて使えなくなったものとはつまり，そのものの意味や価値がなくなったとも言い換えることができる。しかし，子どもたちは，自分たちの持つ好奇心や探究心を働かせながら，その「意味や価値がなくなったもの」から，面白い形や美しい形を見つけ，そこに新たな意味や価値を見出し，さらに表したいことを思いついていく。

分解することで，物理的に今までとは違う一面を見ることができ，自分の感覚や行為を通して，自分にとっての意味や，自分の表したいイメージを持つ姿が期待できる。

(2)題材の目標

・分解した材料を組み合わせながら，動きやバランスを捉える。（ア）

分解して見つけた材料をスペースの中への構成の仕方を工夫している。（イ）　　　【知識・技能】

・使えなくなったものを分解しながら，自分の「いい」イメージを持ち，組み合わせを思いついている。（ウ）

分解したものや，友だちのいいと思ったものを鑑賞し，選択や組み合わせの工夫を感じ取っている。（エ）　　　【思考・判断・表現】

・分解したり，そこから自分の考える「いい」を見出したり，よくなるように組み合わせる活動に取り組もうとしている。（オ）　　　【主体的に学習に取り組む態度】

(3)未来をそうぞうする子どもを育成するために

○「好奇心」や「探究心」を発揮できる授業展開

子どもたちにとって，一見完成されているように見えるものを分解するという行為は，魅力的である。「この中はどうなっているのだろう」「どのネジを取ったら，バラバラになっていくのだろう」などと考えることで，好奇心や探究心を発揮することにつながる。

○見つけ出したものに，新たな意味や価値をつけるためのしかけ（創造的実践力）

材料として壊れたものを使うこと，また，中を見たことがなさそうなものを使うことで，思いもよらない発見から新たな意味や価値を見出しやすくなる。

(4)準備物

教　師：分解できるもの（壊れた家電製品など），用具，安全メガネ，ゴム手袋など

子ども：分解したいもの，活動に必要な分解する用具（ドライバーなど）など

② 授業の実際

目標 ○造形遊び的な思考のもと，分解することを楽しみながら，材料の美しさなどを感じ表したいことを思い付く。（ウ）

【思考・判断・表現】

	子どもの姿	教師の役割
導入	1．用具の使い方を確認し，学習のめあてをつかむ。 ドライバーっていうの，初めて使う！　はやく使ってみたい！ 分解するって，やったことないから面白そう！	初めて見る用具や怪我をしやすいものもあるので，使い方は丁寧に説明する。 
展開	2．分解しながら，自分なりにいいものや面白い並べ方などを見つける。 分解しながら，「？」や「！」を見つけよう。 うわ，難しい…でも見て見て！　こんなの出てきた！  分解したよ！並べてみよう…うん，この順番がいい！！！	どこに興味を持っているのか聞いてまわりながら，一緒に楽しむ。 ゴム手袋やマスク，安全メガネなど，準備しておくとよい。 困っている子どもには，友だちと協力してみることや，違う用具を使ってみることを提案したりする。 並べることのできる場所や，ホットボンドなど用意しておくと，並べ方や組み合わせ方にもバリエーションが出てくる。
終末	3．後片付けをし，見つけた「？」や「！」を交流する。 この緑と銀色の部分が，めっちゃいい！ 	自分の発見を残したり，それぞれの発見を共有できるようにする。 みんなに見てもらいながら，説明できるように，拡大表示できるものを用意しておくとよい。

③ 実践のためのポイント

○古いブラウン管のテレビなど，分解する際，子どもたちにとって危険はないか，材料を十分
　精選する必要がある。

○分解した後，例えば，総合的な学習の時間や理科，社会の時間などに，リサイクルや分別，
　環境問題や働く人の工夫や苦労などと合わせて学習することもできる。

未来そうぞう科

国語科

社会科

算数科

理科

音楽科

図画工作科

家庭科

体育科

道徳科

外国語活動

7 批判的思考力を高め，よりよい未来の生活を創造しようとする子どもの育成

１ 家庭科における未来そうぞう

　本校家庭科では，めざす子ども像を「自分の生活を見つめ，家族の一員であることを自覚し，自分や家族・社会にとってよりよい生活や未来を創造しようとする子ども」としている。自分たちの生活を，多角的・多面的に見つめ直すことによって，これまで気がつかなかった現状に対する課題や社会とのつながり，未来につながるような課題に気がつき，それをよりよくするために試行錯誤しながら，自分や家族にとって，また，社会の一員としてよりよい生活，その延長にある未来を創りだそうとする視点を持つ子どもを育成していきたいと考える。

　未来そうぞうにおける３つの実践力と家庭科で培われる資質・能力との関連は以下の通りである。

主体的実践力を発揮する姿	批判的思考力を発揮する姿 ・自分の日常生活をふりかえり，様々な角度で見つめ直し，問題を見出すことのできる力。 ・これまでの学びを活かして，課題解決に向けて道筋をたてる姿。 ・自らの学びの結果や過程をふりかえって，次の学びにつなげる姿。
協働的実践力を発揮する姿	・他者と活動する中で，自分の考えを明らかにしたり，意見を共有したりすることを通して，自分の考えを広げたり，深めたりする姿。
創造的実践力を発揮する姿	・実践をふりかえって，評価・改善し，考えたことや獲得した方法を実生活で活用する姿。

　本校家庭科で述べる批判的思考力は，問題を自分事と捉え，「何のためにするのか？」「本当に価値があるのか？」などをじっくり考え，そこから積極的に課題を見出し，解決へとアプローチする力である。本校家庭科では，この力を家庭科で育むことに特に重点をおいている。批判的思考力を高めることは，主体的実践力を高めることにつながると考える。

２ 家庭科における未来そうぞうの授業づくり

⑴相互に資質・能力を高めることのできる教科横断的な学習

　小学校「家庭」では，育成する資質・能力に係る３つの柱を示すに当たり，その冒頭で「生活の営みに係る見方・考え方を働かせる」ことが強調されている。ゴミが増加しているという問題を考えた時に，この問題は単なる環境問題という側面だけでははかれない課題を含んでいる。消費活動の視点や，健康に関わる視点など，どの見方で捉えるかによって様相が変化する。今後，社会がますます複雑になるにつれ，子どもたちを取り巻く生活や文化も複雑化するであろう。一面的な捉え方で物事を判断することは難しくなると思われる。学校で扱う題材も，様々な見方・考え方で捉える必要があり，未来そうぞう科はまさしくそのような今後の社会を

色濃く反映した教科といえる。

　そこで，未来そうぞう科と家庭科，それぞれの資質・能力を相互に育み，高めるために，未来そうぞう科と家庭科で教科横断的な学習を行いたい。未来そうぞう科で扱う題材を家庭科の見方・考え方の視点で捉えることで，未来そうぞう科における見方・考え方がより洗練され，思考が深まるのではないかと考える。また，未来そうぞう科の見方・考え方の視点で見ることで視野が広がり，家庭科での学習にも深まりが見られることを期待したい。

⑵問題解決学習のプロセス

　批判的思考力を培うために有効な手立てとして，問題解決学習が考えられる。本校家庭科では，問題解決学習のプロセスを　問題への着目　➡　課題の特定　➡　解決方法の検討　➡　活動　➡　ふりかえり　➡　生活に活きる活動　としてきた。まず「何が問題なのか」「なぜそれが問題なのか」を子ども自身が考え，「課題」を持つ。次に「現状はどうなっているか」「その課題の背景や原因は何か」「解決や改善の方法はあるのか」「方法の中でどれを選んだらいいのか」等を考え，自分なりの最適解を選択し，やってみる。その後，そこまでの自分の学びをふりかえることにより，選択した解決方法や活動が，自分の現実の社会や家族との生活に本当に適したものかあらためて検討する。そして，最後にこのふりかえりを活かして家族や自分の生活に活きる活動を行う。そこで，新たに生まれた疑問を次の学習に向かう原動力とする。このプロセスを繰り返す中で，批判的思考力が形成されていくと考える。そして最終的には，どのような問題に直面した時でも，このサイクルを自律的に形成し，課題を解決しようする姿をめざしたい。

　また，このサイクルを効果的にはたらかせ，思考を深めるためには，友だちとの意見や考えの交流が不可欠である。同じ題材であっても「健康・安全」という見方から捉えるのか「消費」という見方から捉えるのかによって課題が変わってくる。友だちと意見を交わす中で，多様な考えに触れ，思考を深めていってもらいたいと考えている。クラス全体で，グループで，あるいは，家族やゲストティーチャーと学び合える場を設定していく。

⑶自分事と捉えられる題材設定

　多くの未来予測からも明らかなように，我々の目の前にいる子どもたちが活躍するであろう近未来の社会においては，想像以上の大きな変化が起きることがうかがえる。そのような，現状において，人の生活の営みに係る多様な生活事象を学習対象とする家庭科では，今ある自分の生活から見出した課題を考える中で，学習の深まりと同時にその視野（家族・社会・地球）が広がりを見せることも大切であると考える。しかし，自分と社会や地球のつながりを小学生の段階で意識することは難しい。そこで，題材設定において，子どもたちが「自分事」と捉えられるようなしかけをすることで，自分たちの課題は，身の回りで完結するものではなく，社会や地球をよりよくする一翼を担うものであるという広がりを持たせていきたいと考える。

第5学年 お悩み解決で目指せ！快適ライフ
～寒い季節を乗り切るために～

1 題材について

(1)題材の内容

　子どもたちは，これまで調理の方法や被服の学習，整理整頓の方法などを学んできた。これらの学習を通して，学んだことを活かして工夫すると，自分の思いや考えを実現し，よりよい生活ができることを体験している。そして，長期休業期間を活用し，学んだこと活かして家庭で実践することで，家族のために何かをする喜びや，認めてもらった時の満足感や工夫して行う充実感も得ている。そんな子どもたちにとって，衣服や住まいについて工夫するという学習は，初めての内容となる。しかし，最も寒さを感じる2月とはいえ，寒さの厳しい地域とは言い難い大阪において，暖かい衣服の着方や住まい方について学ぶことは，なかなか自分事とは考えにくい。そこで，主体的に学習を進めるために，子どもたちがこれまでの理科で学んでいる様々な科学的根拠を家庭科の学習と強く結びつけたい。子どもたちが学習経験のある内容が実生活で活用できるということによって，興味を持ち，主体的に学習に取り組めるのではないかと思う。また，社会科では3学期に環境についても学ぶ。この学習も関連が深いと考えられる。自分たちの生活の中から実感として，環境について考えられることと，それが地域社会や日本全体という規模になった時にどのような問題が起こるのかということを大切にしていきたい。住環境を考えることを通じて，住まい方に関する知識や技能を養うだけでなく，住まいと環境や消費との関わりについても考えていくことができればと思う。

(2)題材の目標

・快適な住まい方や環境と住まい方の関わりについて理解している。　　　　　　【知識・技能】

・環境に配慮して，快適な住まい方を工夫している。　　　　　　　　　　【思考・判断・表現】

・住まいや環境に関心を持ち，自分たちにできることを考えようとしている。

　　　　　　　　　　　　　　　　　　　　　　　　　　　　【主体的に学習に取り組む態度】

(3)未来をそうぞうする子どもを育成するために

○ものづくりや交流の場を設定することであらたな工夫をうむ創造的実践力を培う授業構成

　快適さという観点だけでなく，様々な工夫をするという視点から，「快適なマイルーム」を考えたい。ただ，考えたものが机上の空論ではなく，それまでの実験や実践によって，「それは実現可能なのか」「本当に快適なのか」という視点を持って，あらたな工夫や考えが生み出されると考える。そのために，実際に自分の思う部屋をつくりお互いに評価し合う経験も取り入れたい。

2 授業の実際

目標 ○環境などに考慮し工夫した住まい方を考えたり改善したりしている。

【思考・判断・表現】

　　　○友だちの考えを自分の意見と比較しながら，関心を持って伝えたり聞いたりしている。

【主体的に学習に取り組む態度】

	子どもの姿	教師の役割
導入	1．自分たちの班の実験結果や調べたことを伝える。 クラスでこの実験をしたのは私たちだけだよ。わかりやすく伝えよう。 わからないところやもっと知りたいことがあったよ。聞いてみよう。	前時をふりかえり，班の友だちに伝えるために，これまでに調べたことや考えたことを思い出せるようにしておく。
展開	2．快適の条件を整理してマイルームに生かす。 **快適なマイルームの設計図をつくろう。** (1)快適の条件をみんなで整理しよう。 着方・結露・明るさ・乾燥・電気代それぞれ色々な工夫で改善できそうだね。  (2)快適なマイルームのための設計図をつくろう。 カーテンの色や家具の配置も工夫してみよう。 環境のことも考えて，エコな部屋にしようかな。	自分たちなりの観点で快適な条件を整理できるように，グループで話し合う時間を確保する。 ただ「作りたい部屋」を考えるのではなく，学んだことや調べたことを根拠として，快適な部屋づくりができているか，声かけをする。
終末	3．お互いの部屋をみて，アドバイスを伝える。 部屋だけじゃなく，住まい方の工夫も伝えたいな。 同じ工夫があったよ。どの家でもできそうだね。	見る観点を明確にして，交流ができるような場を設定する。

3 実践のためのポイント

○前時までの調べ学習の段階で，子どもたちの興味関心によって様々な実験や活動ができるように，準備しておく。「快適さ」について，自分たちが試行錯誤することによって解決した「最適解」を子どもたち同士が持ち寄ることで，主体的に取り組めるだけでなく，快適なマイルームをつくる視点を共有しやすくなるのではないかと思う。

未来そうぞう科

国語科

社会科

算数科

理科

音楽科

図画工作科

家庭科

体育科

道徳科

外国語活動

8 課題の解決に向けて "運動の楽しさ" をそうぞうする子どもの育成

1 体育科における未来そうぞう

今年度，体育科では "運動の楽しさ" をそうぞうしながら学ぶ姿を，育みたい子どもの姿と考えている。"運動の楽しさ" をそうぞうしながら学ぶ姿を，以下に示す。

①主観的な視点で運動の課題にアプローチする姿

自分でえがいた動きのイメージを具現化し、実際の動きとイメージを近付けていく姿。

②客観的な視点で運動の課題にアプローチする姿

友だちと動きのイメージを共有し、動きの感じを伝え合ってつながり深めていく姿。

"運動の楽しさ" を自らそうぞうする経験を積むことで，運動することのよさに気づき，将来の豊かなスポーツライフにつなげられる素地を養うことができると考える。

(1)体育科がになう3つの実践力

体育科学習では，体を動かすことが主な活動である。それによって経験したり，感じたりできることは体育科ならではの特性といえる。体育科では，この特性を活かし，3つの実践力とめざす子ども像との関わりを次のように捉えた。

主観的な視点で運動の課題にアプローチする姿

	実践力が見とれる姿	具体的な子どもの言動
主体的実践力	自分の課題の解決に向けて，自分の体を動かしたり，考えたりしている。	「自分でできるところまではやってみよう。」
協働的実践力	友だちやチームの課題を解決するために，自分の体を動かし，自分で考えた解決の方法を伝えている。	「僕はこうしたらうまくできたよ！」「ここを直したらもっとよくなると思うよ！」
創造的実践力	自分の課題の解決に向けて，自分でアプローチし続けている。	「繰り返し練習しよう」「もっと工夫してうまく動けるようにしよう！」

客観的な視点で運動の課題にアプローチする姿

	実践力が見とれる姿	具体的な子どもの言動
主体的実践力	自分の課題の解決に向けて，様々な視点や考えをもとに，体を動かしたり，考えたりしている。	「へぇー！自分の動きはそうなっていたんだ。そこに気をつけてもう一度動いてみよう！」

| 協働的実践力 | 友だちやチームの課題を解決するために，様々な視点や考えをもとに，体を動かしたり，考えたりしている。 | 「なぜ負けたのか，さっきのゲームを動画で見てみよう！」「コツやポイントを整理してみよう！」 |
| 創造的実践力 | 課題の解決を通して，新たな意味を見出し，価値づけしている。 | 「学習が進んでいくと，友だちともっと仲良くなれたな」 |

❷ 体育科における未来そうぞうの授業づくり

体育科では，【知識・技能】，【思考・判断・表現】，【主体的に学習に取り組む態度】の3つを指導内容としている。自分の課題解決につながる動きができることで運動感覚や運動に対する自信がつく。また，友だちやチームの課題を解決しようとする過程で，友だちと協力し合う態度，思考力・判断力・表現力が養われる。この2つの要素があることで，課題にアプローチし続けることができ，その中で，新たな意味や価値を見出すことができる。このような指導内容が内包された学習の中で，指導者の以下のような手立てがあることにより，3つの実践力を育むことができると考える。

(1)ジグソー型の学習形態を用いた展開

単元の一部にジグソー型の学習形態を用いる。はじめの段階では，全員で基礎となる動きを学ぶ。単元の中盤あたりで2〜3のグループに分かれ，集中的にその単元の一部を学ぶ。専門性を身につけてグループに戻り，自分の学んできたことを活かして学習を進める。

(2)「次にチャレンジしたいこと」をもとにした課題設定

ふりかえり　各時間の終わりに全体で交流する時間をとる。各々の発表したいことを発表するだけの場にならないよう，指導者が，めあてについて，友だちのよかったところ，見つけたコツ，次への課題の4点からその時間の様子や次時へのつながりを考えて選び，子どもたちに問い返す。

体育ワーク　本校では，冊子状のワークシートを用いており，書く内容は，めあて，本時にしたこと，できたこと・わかったこと，見つけたコツ，次にチャレンジしてみたいこと，ふりかえりである。学習中と違い，落ち着いて自分の動きや友だちの動きについてふりかえることができる。指導者が視点を持ってコメントをすることで，次時への意欲を高めることや，課題を探ることにも活用している。

(3)体育科における評価について

○子どもたちの力を伸ばし，授業改善につながる評価

各時間のめあてに沿った動きを見つけるようにし，授業の途中，ふりかえりの場面で取り上げるようにする。また，体育ワークの下欄に形成的評価を書けるようにしている。点数化し，個人やチームごとに分析を行い，チームや個人の状態を明らかにし，次時の授業改善に用いる。

第2学年 とおせんぼーる

1 単元について

(1)単元の内容

本単元は，スタートゾーンからボールをパスして運び，ゴールゾーンの味方がキャッチして得点するゲームである。このゲームには3つの場があり，パスの方法がそれぞれ異なる。1つ目は転がす場，2つ目は投げる場，3つ目は蹴る場である。それぞれの特性を考えながら楽しくできるようにする。ボール操作が3つ，ボールを持たない時の動き，ボールを捕る，止める動きのそれぞれの要素について整理しながらコツやポイントを積み上げていきたい。

(2)単元の目標

・簡単なボール操作と攻めや守りの動きによって，易しいゲームをすることができる。

【知識・技能】

・簡単な規則を工夫したり，攻め方を選んだりするとともに，考えたことを友だちに伝えることができる。　　　　　　　　　　　　　　　　　　　　　　　　　　　　　　【思考，判断，表現】

・運動遊びに進んで取り組み，規則を守り誰とでも仲よく運動したり，勝敗を受け入れたり，場や用具の安全に気をつけたりすることができる。　　　　　【主体的に学習に取り組む態度】

(3)未来をそうぞうする子どもを育成するために

○ジグソーを用いた学習展開

ジグソーを用いた学習展開をすることで，それぞれのグループで学んだ遊びを他の友だちに共有することができる。体育科学習のグループで散見される，固定化された，「教える」「教えてもらう」という一方的な関係を崩して，全員が相互に学び合える状況をつくり出すことで，主体的実践力，協働的実践力を育み，"運動の楽しさ"をそうぞうできる子どもを育成できると考えた。

○新教材の開発

新教材「とおせんぼーる」では，3つのパスの仕方を経験できる。また，どの場でもゲーム性が同じであることで，規則の理解が容易である。さらに，マスの中しか動けないことで，攻めと守りのそれぞれの場所での役割や動き方が明確になる。

「とっくんメニュー」という練習メニューや作戦の種類を書いた学習カードは，伝える際の資料にもなり，自己の進捗状況をはかることもできた。

この学習カードを集計し，ジグソー型の学習効果についても検証した。

未来そうぞう科

国語科

社会科

算数科

理科

音楽科

図画工作科

家庭科

体育科

道徳科

外国語活動

❷ 授業の実際

目標 ○コツやポイントを活かした攻めや守りの動きができる。　【知識・技能】

○考えたことを友だちに伝えることができる。　【思考・判断・表現】

	子どもの姿	教師の役割
導入	1．前時のおさらい，本時のめあて・流れの確認 **2人でつながる守り方を考えよう。** 攻めが上手になってきて点をたくさん取られるな。｜今までは目の前のボールだけ見ていたな。	・前時までの学習を想起させ，本時の学習とつなげる。 ・本時の流れを示し，前時の様子から本時のめあてを確認する。
展開	2．ボールを使った運動 　(1)ドリルゲーム 　・転がす，投げる，蹴る動きを順番にキャッチボールをして体を温める。 　(2)タスクゲーム 　・4対2のボール回し 　(3)とおせんぼーる 　・2分×6セット 　（転がす，投げる，蹴るの攻めと守り） 同じところを守っていたらもったいないな。友だちにも伝えたいな。｜役割がはっきりすると，動きやすくて楽しいな！ 	・前時のよい動きや体育ワークから本時での課題を話し，めあてにつなげる。 ・2人で協力してする守り方を考えられるように環境を整える。 運動量を確保し，十分に体を温めることができるようにする。 個別に支援が必要な子どものいるグループを中心に，声掛けを行う。 連携した守り方ができているところを見つけ称賛する。
終末	3．ふりかえり，整理運動，片付け あのチームはたくさん止めていたな。何が上手いのかな。	自分や友だちの伸び，新しく発見したことについて交流できるようにする。 使った体の部位をしっかりほぐすようにする。

❸ 実践のためのポイント

○「とっくんメニュー」の自己評価を集計したところ，ジグソー型の学習形態は，技能を向上させることには効果が高かったといえないが，技能が低位の子どもにとって，自分だけが知っている作戦や，コツ・ポイントができることは，自信につながった。

○「とおせんぼーる」は，各場の技能が習熟した中学年でも扱った方がよかったように感じた。

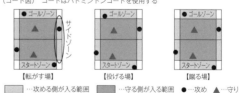

とおせんぼーるの規則，場の説明

（コート図）　コートはバドミントンコートを使用する

【転がす場】　【投げる場】　【蹴る場】

▨…攻める側が入る範囲　▨…守る側が入る範囲　●…攻め　▲…守り

はじめの規則
・スタートゾーンからボールをパスで運び，ゴールゾーンでキャッチすれば得点。
・パスはそれぞれの場で決められた方法で行う。
・攻めと守りの人が入れるマスは決まっていて，1マスに入れる人は1人。
・同じ側のサイドゾーンに入ることはできない。
・マスの中では，ボールを持っていてもいなくても，自由に動いてよい。
・ボールが外に出たり，守りにキャッチされたりした場合は，スタートゾーンから始める。

第5学年 フラッグシンクボウル

1 単元について

(1)単元の内容

　高学年のボール運動の学びは，①自分とゴール②自分と仲間③自分と相手の３つの位置関係の把握が中核となる。その中で陣取り型では，「自分とゴール」の把握を育むことに適している。そこで本単元では，フラッグフットボールを取り扱う。フラッグフットボールは，陣地を広げ，自分とゴールの距離をいかに近づける，得点を狙うことが目的となる。すなわち，「１歩でも多く進む」ことが重要となる。また，得点されないように守備をするため，激しい攻防が繰り広げられる。守備側は，攻撃側に突破されると全ての陣地を取られる可能性があるため，お互いの目の前が常に最大防御境界面となる。この状態の中，攻撃の仕方や守り方を考えやすいという特性を持った運動である。戦術・戦略というボール運動の教科内容を学べる教材である。

　そこで，最大防御境界面を巡る戦術・戦略を教科内容とする「フラッグシンクボウル」を考案した。本教材は，長いコートを設定し，陣地を広げていく際に，攻める場所によって戦術を考えながら最大防御境界線をいかに突破するかを考える。具体的には，１ゲームでは，攻撃回数を制限するのではなく，制限時間内なら何度も攻撃をできるようにし，１ゲーム中にハドル（作戦会議）時間を設ける。そうすることで，思い切った作戦に常にチャレンジすることができ，また新たに作戦を考えることも自然に生まれるだろうと考えられる。

　戦術をどのように"そうぞう"するかが重要である。そこで，本単元ではジグソー法を用いた学習を展開する。ジグソー法を導入することで，戦術や自己，さらに他者も分析することができ，そこから子ども自ら主体的に戦術を生み出すのではないかと考える。そうすることで，自分のチームの新たな作戦の創出につながる。分析を通して，作戦を生み出し，子どもが主体的に取り組むことができるような学習活動を展開していきたい。

(2)単元の目標

知識・技能	思考・判断・表現	主体的に学習に取り組む態度
・ボールを持って走ったり，パスしたりする基本的なボール操作ができる。（技能） ・考えた作戦を遂行することができる。（技能）	・チームの特性やゲーム状況に応じた作戦を考えられる。（思考力） ・状況に応じた攻め方をすることができる。（判断力） ・ゲームでの課題を，視点を持って分析ができる。（思考力）	・ゲームでの役割を自覚し，協力しながらゲームを進める。 ・ゲームでの課題を分析する。

(3)未来をそうぞうする子どもを育成するために

　ゲームの分析をする際に，ジグソー学習を活用することで，どんな攻め方が有効なのか，チームでどのように役割分担をすれば，ボールを進めることができるのかをそうぞうし，作戦遂行の楽しさや運動の楽しさを感じられると考える。

未来そうぞう科

国語科

社会科

算数科

理科

音楽科

図画工作科

家庭科

体育科

道徳科

外国語活動

2 授業の実際

目標　○ボールを持って走ったり，パスしたりする基本的なボール操作ができる。

【知識・技能】【主体的実践力】

　　　　○ゲームでの課題を，責任を持って分析している。　　【思考・判断・表現】【創造的実践力】

　　　　○ゲームでの役割を自覚し，協力しながらゲームを進める。【主体的に学習に取り組む態度】【協働的実践力】

	子どもの姿	教師の役割
導入	**1．準備運動** 　フラッグ取り鬼ごっこ ・足の速い子でも，2人で挟めばフラッグをとれそうだな。　・先回りして，逃げる方向をふさぎながら追いかけてみよう。	体をしっかり温めることを意識させる。　チームで話し合ったことを踏まえて，動きの改善などを褒めて，促していく。
展開	**2．めあての確認** 　**ブロックをうまく使ってボールを前へ運ぶための作戦を考え，試そう。** 　(1)試合をする。（5分×2×2） 　　兄弟チームはゲーム分析する。 ・まずは，僕が前へ走ってボールを持っている人のフラッグを取ろう！  　(2)3つの分析グループでの交流をする。 ・コートのはしっこを通って，ジグザクに動いて走っているな。　・□□チームは，××がよくボールを持って走っていたな。	前時に分析チームでわかったことを自分のチームに戻って共有し，作戦を考えさせる。 ゲームを通じて，役割分担ができていたか，確認させる。改善がある場合は，ワークシートを使いながら動きや約束事の再確認をする。
終末	**3．活動のふりかえりをする。** ・この作戦は成功したから，次も使えるな！プレイブックに書こう！ 	相手チームの動きを分析することで新しく発見したことを分析チームで交流していく。 試合をして気づいたことや次に生かすことを交流できるようにする。

3 実践のためのポイント

○どの状況でも守備側は，攻撃側に突破されると全ての陣地が取られる可能性があるため，攻撃の仕方や守り方などを常に考えることができ，子どもの作戦を考える場が設定できた。

○ジグソー型で，分析の視点を持って，子どもはゲームを見ることができるため，課題意識を持ちながら取り組むことができた。

9 よりよい未来を『そうぞう』するための道徳科の授業づくり

1 道徳科における未来そうぞう

　道徳科では，「よりよい未来を『そうぞう』するための道徳性」を養うために，道徳的諸価値の理解をもとに，物事を多面的・多角的に考えながら，自己の生き方についての考えを深めていく学習を行う。道徳科と未来そうぞう科は，よりよい自分や生き方への見通しを持ち，それらを実現するための課題を考え，実践することへの意欲と態度が養われるという点では同様である。そこで，「よりより未来のために，道徳的諸価値に関わる事象を自分自身の問題として受け止め，その解決と実現に向けて，物事を多面的・多角的に考え，自己の生き方について考えを深める姿」が，道徳科における「めざす子ども像」考える。

　未来そうぞうで道徳科が育成すべき３つの資質・能力につながる姿について，以下のような道徳性を養っていく。

・**主体的実践力に発揮される姿**…自己の生き方についての考えを深めるために，様々な道徳的諸価値に関する問題を自分事として受け止め，自律的に判断したり，粘り強く問題を解決したりしようとする道徳性。

・**協働的実践力に発揮される姿**…他者や集団，社会との関わりの中で，自らが他者と共によりよく生きようとするために，他者の多様な考え方や感じ方に触れて，よりよい集団や社会の形成につながる道徳性。

・**創造的実践力に発揮される姿**…よりよい未来を「そうぞう」するために，道徳的諸価値に関する問題について，自分の意志や判断に基づいて自己実現を図っていこうとする道徳性。

2 道徳科における未来そうぞうの授業づくり

　道徳科では，登場人物の心情や行動の根拠，道徳的価値について自分との関わりにおいて考えることによって，生き方についての考えを深めていく。道徳科の時間に，登場人物の心情などを想像することで，未来そうぞう科の活動の「想像」につながることも出てくるだろう。また，道徳科の時間に，道徳的価値についての問題を多面的・多角的に考えることで，道徳的な判断力が育まれ，未来そうぞう科の「創造」の活動が充実したものになってくるだろう。このように，未来そうぞう科の活動をふりかえったり，道徳科の時間に道徳的価値について考えたことを未来そうぞう科の活動につなげたりするカリキュラム開発を行う。

　そこで，道徳的に考えたり判断したりできる力を育成できるように，次の３つの視点に沿って授業づくりを行う。

(1)自分事として受け止める「場」の工夫

　道徳的な「学び」の場として，「教材」「自分」「他者」と対話しながら，自己の生き方についての考えを深めて，納得解を見出せるようにする。まず，「教材」である読み物から，道徳的価値に関わる問題を把握し，これまでの自分の経験やその時の感じ方，考え方と照らし合わせる。また，解決に向けての自分の考えを整理したりまとめたりすることができたら，友だちと意見を交流し合う。1つの答えを求めたり決めたりするのではなく，様々な視点から物事を理解することで，主体的に学習に取り組めるようにする。

(2)考えを整理し，道徳的価値の理解を深められるような板書

　板書を効果的に活かして，視覚的に自らの考えを整理し，自分事としてさらに考えたり，道徳的価値の理解を深めたり，物事を多面的・多角的に考えたりしていく。本時の学習で，最も考えさせたいところ（話し合わせたいところ）を中心に板書を構成するようにして，登場人物（主人公）の考えの変容などを対比し，心の動きがわかる構造的な板書を考えていく。

(3)ねらいにせまる発問づくり

　子ども自身が道徳的価値についての問いを持ち，課題解決の流れが大事にされた授業展開を行うために，発問づくりが重要である。発問の対象をよく吟味し，発問の立ち位置を意識して問うていくことが肝心である。

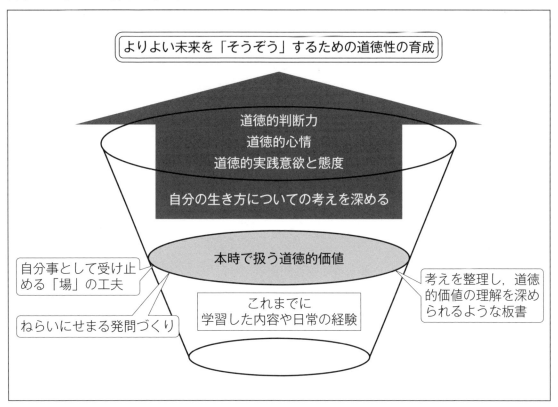

道徳科　全体構想図

事例1

6
学年

幸せな人生

「最後のおくり物」（日本文教出版）

1 単元について

(1)単元の内容

本単元は，高学年の「Dよりよく生きる喜び」の「よりよく生きようとする人間の強さや気高さを理解し，人間として生きる喜びを感じること。」という価値をねらっている。人間として生きる喜びとは，弱い自分を乗り越えるだけでなく，自分の良心に沿って生きることであり，人間のすばらしさを感得し，よりよく生きていこうとする喜びである。誰しもが誘惑に負けたり，やすきに流されたりするといった弱さも持ち合わせていることから，弱さを受け止め，それを乗り越え誇りを感じることを通して，生きることへの喜びを感じる必要がある。

この時期の子どもは，将来の夢や希望を抱くようになり，自分自身を人間としてより高めたいという思いやねがいを持っている。一方で，自分に自信が持てなかったり，困難にぶつかって悩んだりすることが少なくない。そのため，様々な機会に，身の回りにいる人間が持っている強さや気高さに気づかせるとともに，そのよさを十分に理解できるようにする必要がある。また，めざす生き方や誇りある生き方に目を向けられるようにしていくことが大切である。

指導にあたっては，ジョルジュじいさんの生き方とロベーヌの心情を対比させながら，互いの思いを共感的に考えていく。特に，息を引き取る前に，「幸せを感じたくらいだ」「ありがとう」とロベーヌに言うジョルジュじいさんの気持ちを考えることで，ジョルジュじいさんの生き方に迫りたい。一方，ロベーヌが「むすこなんです」と言った時や，「最後のおくり物」を受け取った時の様子を想像することで，ロベーヌの生き方に対する気持ちを考えていく。このように，人は誰かを支え，誰かに支えられているということを意識し，誰かのために生きることが誇りある生き方，夢や希望などの喜びのある生き方につながることに気づくようにする。

(2)単元の目標

・ジョルジュじいさんの生き方と，「最後のおくり物」を受け取ったロベーヌの気持ちを考えることを通して，誰かのために生きていくことが誇りある生き方につながることを理解する。

(3)未来をそうぞうする子どもを育成するために

○未来そうぞう科と関連を図った道徳科のカリキュラム

道徳科で深めた道徳的価値の理解を活かした活動を，未来そうぞう科の時間に実践できるようなカリキュラムにしていく。道徳科で考えた道徳的価値を意識して，未来そうぞう科に「想像」したり，道徳科で考えた多角的な見方を未来そうぞう科の「創造」の時間に実践したりしていく。未来そうぞう科の活動で起こり得ることを道徳科で考える授業構成にすることで，未来そうぞう科の3つの資質・能力の基盤となる道徳性を育んでいくことができる。

未来そうぞう科

国語科

社会科

算数科

理科

音楽科

図画工作科

家庭科

体育科

道徳科

外国語活動

❷ 授業の実際

目標 ○ジョルジュじいさんの生き方と、「最後のおくり物」を受け取ったロベーヌの気持ちを考えることを通して、たとえ困難な状況であっても、相手の立場や気持ちに寄り添ってよりよく生きていこうとする心情を養う。

	子どもの姿	教師の役割
導入	1．「幸せな人生」について考える。 嬉しいことや喜びがいっぱいある人生。　自分の目標が達成できたといえる人生。　誰かを笑顔にできる人生。	「幸せな人生」について考えることで、本時の中心になる道徳的価値に迫りやすくする。
展開	2．資料「最後のおくり物」を読んで話し合う。 ジョルジュじいさんとロベーヌの気持ちを考えることで、生き方をについて話し合おう。 (1)ロベーヌはが「ぼくがつきそいます。むすこなんです。」と言った時の気持ちを考える。 ジョルジュじいさんに恩返しがしたい。できることは何でもする。 (2)ジョルジュじいさんは、幸せを感じて生き、ロベーヌに感謝をすることができたのかを考える。  ロベーヌのために何かできているという達成感でいっぱいだった。	未来そうぞう科の活動に関連し、子どもの実態に応じた資料を用意し、ねらいとなる価値に迫る。 ジョルジュじいさんの行動に気づき、家族ではないのに「息子」と言った、ジョルジュじいさんに対するロベーヌの気持ちを考えさせる。 自分のためだけでなく、ロベーヌの夢の実現のためにも生きたジョルジュじいさんの生き方と向き合えるようにする。
終末	3．本時の学習をふりかえり、わかったことをまとめる。 命をかけてロベーヌを応援したジョルジュじいさんみたいに、優しい人になりたいと思った。	本時の学習で自覚が深まった事柄を明確に意識させ、直近の道徳実践の場と本時の学習の学びを結びつける。

❸ 実践のためのポイント

○より身近な問題として「なりたい自分」から「生き方」を考えるために、登場人物の気持ちに寄り添って道徳的価値の理解を深めていくことが必要である。また、道徳的実践意欲を高めるために、その後の活動と関連を図っていくことが求められる。

外国語活動

10 「未来そうぞう」において育成すべき 資質・能力を育む外国語活動の授業づくり

1 外国語活動における未来そうぞう

(1)めざす子ども像

　本校の外国語活動でめざす子ども像は，「**英語を使って主体的に楽しく友だちとコミュニケーションをとることができる子ども**」である。本校では，そのような子ども像に近づくために必要な力として，「興味・関心」「人間関係」「表現力」「ことば」の4つの観点を設定している。また，外国語活動の授業において「未知への好奇心」（以下，「好奇心」），「課題への探究心」（以下，「探究心」）「体験への達成感」（以下，「達成感」）という3つの柱に，その土台を支える「積極性」を加えた4つの要素が，「学びを創り続ける」ことに必要なことであると定義している。これらの観点や要素を基盤とし，本校が行なっている「未来そうぞう科」との関連を図りながら，コミュニケーション能力の基礎を養っていきたい。また，SDGsの視点も含み，地域や自国の文化を知るだけでなく，そこから視野を広げたグローバル社会に対応した態度も同時に育んでいきたい。

(2)外国語活動において3つの実践力がはたらいている子どもの姿

　「外国の方々とコミュニケーションをしてみたい！」等といった「好奇心」から，子どもたちは「どんな英語表現を使おう？」「ジェスチャーも入れた方がいいかな？」といった「探究心」が生まれる。その「探究心」の中で，コミュニケーションをする相手に自分の思いを伝えるための内容や方法などを「想像」をする。そしてその「想像」をもとに，実際に話しかけてみたり，ビデオレターに思いを込めたりといった「創造」へとつながる。しかし，コミュニケーションをとる中で，上手く相手に言葉が伝わらなかった場合，さらに「想像」をして，より

よい伝達方法を模索する。このように「想像」と「創造」を往還し，自分の思いが相手に伝わることで，「達成感」が生まれ，それが次の「好奇心」へと結びつく。外国語活動におけるこの学びのプロセスの中で現れる子どもの具体的な姿とめざす子ども像に近づくために必要な上記4観点，「未来そうぞう」における3つの実践力との主な関連例は右の表の通りである。

表1　外国語活動で育むことができる「未来そうぞう」の資質・能力

外国語活動でめざす子ども像に近づくために必要な4つの観点	外国語活動において「未来そうぞう」における3つの実践力がはたらいている子どもの姿	「未来そうぞう」における3つの実践力
興味・関心	○課題解決に向けてつきすすむ姿	主体的実践力
人間関係	○友だちの話を聞いたり，自分のことを話したりする力・他者と上手く関わり，学び合う姿 ○自分と他者，自文化と他文化等，自他共に認め合おうとする姿	協働的実践力
表現力	○自分の思いや気持ちを様々な英語表現，身体表現などのノンバーバルコミュニケーションを活用したり，伝え方などを工夫したりして，相手に正確にそれを伝える姿	主体的実践力 協働的実践力 創造的実践力
ことば	○コミュニケーションに必要な最小限の単語やフレーズを身につけ，活用する姿 ○英語表現を活用し，自分の思いや考えを相手に表出する姿 ○相手に自分の思いが伝わった達成感から，今までの表現に意味や価値を見出し，他の場面においても活用する姿	

2 外国語活動における未来そうぞうの授業づくり

(1)「ことば」の観点からアプローチする「未来そうぞう」における3つの資質能力の育成

①外国語活動における「言語活動」および「ドリル活動」の定義

外国語活動において「言語活動」とは，「実際に英語を用いて互いの考えや気持ちを伝え合う」活動を意味し，言語材料について理解したり，練習したりするための活動（以下，「ドリル活動」）とは区別して考える。つまり，歌やChants，発音練習など，自分の考えや気持ちを伝え合うという要素がない活動は，言語活動ではなく，ドリル活動にあたる。

②「ことば」の観点に焦点を当てた，3つの実践力につながる資質能力を育成する授業づくり

ドリル活動は子どもにとって意味のない表現や状況とは関係のない表現をゲームや歌などでただ繰り返し練習するため，たとえ魅力のある活動であったとしても，その活動自体の楽しさだけに価値を見出し，英語表現そのものになかなか意味を見出すことができない。しかし，英語を用いた言語活動を充実させることで，相手のことを知ることができる喜びを味わったり，自分の事を知ってもらうことで自己肯定感が高まったりする。そこから自分と他者・自文化と他文化などを共に認め合おうとする態度などの育成にもつながる。これは，SDGsの視点にも結びつく要素である。つまり，言語活動を充実させることで，子どもは英語を使ったコミュニケーションそのものに意味や価値を見出せるようになる。とはいえ，「ことば」の観点を主眼に置いた言語活動を行うためには，ドリル活動における表現の定着は必要不可欠なものである。これらのことから，言語活動を充実させるためには，一つの授業内，あるいは一つの単元内で，子どもが英語表現そのものに興味関心を抱けるドリル活動を適度に設定する必要がある。そうすることで，「ことば」の観点における「体験への達成感」が高まり，英語を通じた喜びや，自分のことを知ってもらったことによる自己肯定感の高まりから今までに知ってきた英語表現そのものに意味や価値を見出すことができるようになる。

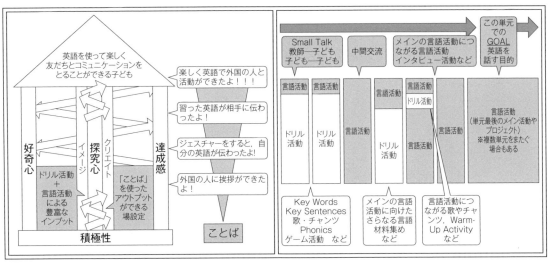

外国語活動　全体構想図

第3学年 Who are you?

「Let's Try!1」Unit9

1 単元について

(1)単元の内容

本単元は，今までに学習してきた「動物」や「色」「形」などの英語表現に，新たに「体の部位」や「様子を表す形容詞」が加わる。それらの表現に絵本を読んだりコミュニケーション活動をしたりする中で楽しみながら慣れ親しむことを狙いとしている。また，本単元で取り扱う絵本 "In the Autumn Forest" は，森の中で動物たちがかくれんぼをしている様子が描かれている。隠れている動物の色や形，様子を手掛かりに，子どもは親しみを持って英語表現に慣れ親しめるだけでなく，この場面設定に既習の英語表現がたくさん使われていることから，その内容も比較的理解しやすいものとなっている。

(2)単元の目標

・絵本や友だちの考えたお話を聞いて，おおよその内容がわかる。　　　　（ことば）【知識・技能】
・友だちの作ったお話を反応しながら聞いたり，相手に伝わるようにセリフを考えたりしている。　　　　　　　　　　　　　　　　　　　　　　　　　（人間関係）【思考・判断・表現】
・自分の考えたお話を相手に上手く伝わるように工夫している。　　（表現力）【思考・判断・表現】
・"Who are you?" と尋ねたり，それに答えたりする表現に慣れ親しんだりする。

（興味・関心）【主体的に学習に取り組む態度】

(3)未来をそうぞうする子どもを育成するために

○幼稚園交流プロジェクトから主体的実践力につなげる外国語活動

本単元の最後にはプロジェクトとして，幼稚園の子どもたちに自分たちのオリジナル絵本を作り，読み聞かせを行う活動を設定した。具体的には，上記絵本に登場する英語表現のうち，動物や色・形などの英語表現を自分の好きなものに変え，絵本を作り，それを月に一度幼稚園で行われている英語の絵本の読み聞かせの際に披露するというものである。以前に5年生との英語の交流授業を行った際，自分たちも英語を使えるようになったら下の学年の子たちにも教えてあげたいという思いがすでに芽生えている。そんな中，本校では「英語学習1年生」の第3学年にとって，英語に定期的に慣れ親しんでいる幼稚園の子たちに自分たちのオリジナル英語絵本を読んであげることは，その思いを行動として実行できるいい機会である。また，年下の子どもたちを相手にすることで同学年の友だち同士で活動をする以上に相手意識が高まり，より正しい英語を使おうという意識から自分の英語表現を見つめなおしたり，相手に伝わりやすくするために読み方を工夫したりといった探究心が生まれる。そこにさらに豊富な言語活動やドリル活動を設定することで，外国語活動内で未来そうぞう科における3つの資質・能力につながる力を発揮できるようにした。

❷ 授業の実際

目標 ○友だちが考えた動物クイズの内容がわかり，それに対して英語で質問したり答えたりしている。

(ことば)【知識・技能】

	子どもの姿	教師の役割
導入	**1．Greeting – Small Talk – Let's read!** 先生の好きな動物って，〇〇なんだね！ 世界には色んな動物がいて面白いよね！	Small Talk の中で，今日の Key Sentences を使用し，子どもとやり取りをすることで，今日の学習課題への興味を高められるようにする。
展開	**2．Activity** 　英語表現についてグループごとに練習する。 　**動物クイズを解いて，動物図鑑を完成させよう。** 　(1)Warm-up（Review/ Let's sing!） 僕たちのグループは，"Shapes" の歌を歌おう！ 動物のフラッシュカードを使ってクイズを出し合おう！ (2)動物クイズを出し合う。 I have long ears.って言ったから，うさぎかな？ 同じ動物でもヒントが違っていたよ！ 更にヒントを出してもらうために，What's your favorite food? って聞いてみよう！	練習の仕方は，**グループによって自由にしてもいい**ことを伝える。 ※歌・チャンツ・フラッシュカードなど，子どもの iPad にはすでに今までに活用したものがデータとして入っている。 正解してもしなくても，**英語でやりとりが出来れば図鑑に追加してもいい**ことを伝える。 動物図鑑を作る！ Grade 3 Class 1 Name（　　　） クイズを出し合ったら，友だちの動物の写真をどんどん入れていこう
終末	**3．Reflection** 次はいよいよ動物絵本を作るよ！　今日の英語表現を活かして，幼稚園の子たちに楽しんでもらえる絵本を作りたいな！	Keynote を活用したデジタル図鑑 単元最後の幼稚園交流の様子

❸ 実践のためのポイント

○幼稚園の子たちに自分たちの英語を聞かせるという明確な目的意識が子どもたちにあったからこそ，本時の学習において，「ことば」を意識して意欲的に英語活動に参加することができた。

○本時の学習後，自分たちの英語表現の正確さを追求する姿が見られただけでなく，「今までに慣れ親しんできた歌を聞かせたい」「もっと難しい絵本にもチャレンジして読み聞かせてあげたい」などの多くの新たなねがいが生み出された。

おわりに

　OECD（経済協力開発機構）では，2030年という近未来において子どもたちに求められるコンピテンシーやそれを育成するカリキュラムなどを検討していくEducation2030プロジェクトが進められています。このEducation2030プロジェクトでは，予測困難な未来に向けて進んでいく中で，子どもたちは好奇心や想像性，強靭さ，自己調整といった力をつけるとともに，他者のアイデアや見方，価値観を尊重したり，その価値を認めたりすることなどが重要であるとされています※。

　文部科学省研究開発学校として本校が進めている「未来そうぞう科」及び「教科における未来そうぞう」がめざすのは，見通しが持ちにくい未来に向かっていく中で直面する課題に対して，様々な創意工夫をしながら，自分なりの解決方法を見つけることができる子どもの育成です。これはEducation2030プロジェクトが考える今後の教育の方向性と同じものであると考えられ，本校のカリキュラムがそれらの具体化に向けての一案となるものと考えております。

　いよいよ2020年度からは，新学習指導要領が小学校において完全実施され，わが国の教育も新しい局面を迎えます。そんな状況の中，今回完全実施される新学習指導要領のさらにその次の学習指導要領の実証研究として，本校の研究の成果を広く社会にアウトプットできるよう，今後も研究を続けていきたいと考えております。

　本書を発刊するにあたっては多くの方々にご指導並びにご協力をいただきました。文部科学省主任視学官・清原洋一先生，教科調査官・安部恭子先生，鳴川哲也先生には，研究開発学校としての研究の開始時から本校の研究の方向性について具体的なご示唆を頂いてまいりました。運営指導委員長・木原俊行先生をはじめとする運営指導委員の先生方におかれましては，何度も本校にお越しいただき，細かな部分にまで懇切丁寧にご指導をいただきました。また，様々な場面でご指導，ご助言をいただいている公立学校や教育委員会，大学，並びに本校旧職員の方々には研究開発のみならず長年にわたって本校の教育を支えていただいております。厚く御礼を申し上げます。そして，本研究の授業展開においてご協力いただきましたゲストティーチャーの方々や地域の皆様，平素より本校教育活動にご賛同，ご協力いただいているPTA及び児童教育振興会の皆様に心より感謝いたします。

　研究開発学校としてのアプローチ，本校がめざす教育目標に向けての歩みはこれからも続いていきます。本書を手にとられた皆様からの忌憚のないご意見を頂ければ幸甚です。

　2020年1月

大阪教育大学附属平野小学校　副校長　　四辻　伸吾

※文部科学省初等中等教育局教育課程課教育課程企画室　OECD　Education2030プロジェクトについて

■運営指導委員の先生方

大阪教育大学	木原　俊行	先生
慶應義塾大学	鹿毛　雅治	先生
関西学院大学	佐藤　真	先生
和歌山大学	豊田　充崇	先生
大阪教育大学	金光　靖樹	先生
大阪教育大学	佐久間　敦史	先生

■研究同人

出野　卓也（校長・大阪教育大学教授）
四辻　伸吾（副校長・未来そうぞう科）
岩﨑　千佳（主幹教諭・国語科・未来そうぞう科）

榎本　博美（未来そうぞう科）	山脇　美穂（未来そうぞう科）	笠原　冬星（国語科）
藤井　義光（国語科）	南野　陽子（国語科・未来そうぞう科）	
大屋　智（社会科）	塩根　航平（社会科）	戸ヶ崎　晋平（算数科）
早野　優一（算数科）	山中　圭輔（算数科）	川俣　尚之（理科）
城野　知佐（図画工作科）	ピオルコフスキー　潤（図画工作科）	南　千里（家庭科）
冨嶋　瑛（体育科）	東　亮多（体育科）	寺西　克倫（道徳科）
砂田　渚（外国語科）	檀上　渚紗（養護教諭）	谷口　恭子（栄養教諭）
御田　眞帆（任期付教諭）	杉山　春明（任期付教諭）	
藤田　紗穂（任期付教諭）	山下　剛生（任期付教諭）	
秋葉　美千代（任期付教諭）		

平成31年3月　異動

村田　未沙輝（国語科）	安野　雄一（社会科）	阪本　薫子（音楽科）
大和　明日香（図画工作科）	藤本　佳子（音楽科）	
東口　貴彰（外国語科）	福山　佳那子（任期付養護教諭）	

【著者紹介】

大阪教育大学附属平野小学校

（おおさかきょういくだいがくふぞくひらのしょうがっこう）

〒547-0032

大阪府大阪市平野区流町1丁目6番41号

TEL 06-6709-1230

FAX 06-6709-2839

【主な著書】

『基礎学力の現代化』（明治図書1973）

『基礎学力の評価』（明治図書1977）

『基礎学力の指導法』（明治図書1980）

『自己変容のある学習』（東洋館出版社1987）

『子どもが創り出す学習』（東洋館出版社1990）

『学習の個性化における教師の役割』（東洋館出版社1993）

『学習の個性化における評価と指導』（東洋館出版社1996）

『総合的学習のカリキュラム』（明治図書2000）

『21世紀の学びを創り出す』（明治図書2001）

『「考える力」を育てる学び合い活動』（明治図書2014）

『学びを創り続ける子どもを育む主体的・協働的・創造的な授業づくり』（明治図書2016）

『未来を『そうぞう』する子どもを育てる探究的な授業づくり』（明治図書2018）

『未来を『そうぞう』する子どもを育てる授業づくりとカリキュラム・マネジメント』（明治図書2019）

未来を『そうぞう』する子どもを育てる
授業づくりと学習評価
各教科・領域の23事例を一挙公開！

2020年2月初版第1刷刊 ©著 者　大阪教育大学附属平野小学校
　　　　　　　　　　　発行者　藤　原　光　政
　　　　　　　　　　　発行所　明治図書出版株式会社
　　　　　　　　　　　　　　　http://www.meijitosho.co.jp
　　　　　　　　　　　（企画）木山麻衣子（校正）吉田茜
　　　　　　　　　　　〒114-0023　東京都北区滝野川7-46-1
　　　　　　　　　　　振替00160-5-151318　電話03(5907)6702
　　　　　　　　　　　ご注文窓口　電話03(5907)6668

＊検印省略　　　　　組版所　株式会社明昌堂